金钱心理学

财富、人性和幸福的永恒真相

[美]摩根·豪泽尔 著 李青宗 译

民主与建设出版社
·北京·

我想将这本书献给我的父母,是他们教导我成长;

　　献给格雷琴,是她一路为我指点迷津;

还有迈尔斯和里斯,是他们激励着我不断前行。

天才就是当身边所有人都进入非理性状态时还能继续正常行事的人。

——拿破仑（Napoleon）

世界上有许多再明显不过却鲜有人注意的事。

——夏洛克·福尔摩斯（Sherlock Holmes）

目 录

序　言　　地球上最伟大的表演　　　　　　　　1

第1章　　没有人真的对钱失去理智　　　　　　11

第2章　　运气与风险　　　　　　　　　　　　29

第3章　　永不知足　　　　　　　　　　　　　47

第4章　　复利之谜　　　　　　　　　　　　　61

第5章　　致富 vs. 守富　　　　　　　　　　　73

第6章　　尾部的胜利　　　　　　　　　　　　91

第7章　　自　由　　　　　　　　　　　　　　109

第8章　　豪车悖论　　　　　　　　　　　　　121

第9章　　财富是你看不见的那些　　　　　　　127

第10章　存　钱　　　　　　　　　　　　　　135

第11章　合乎情理胜过绝对理性　　　　　　　147

第12章　意　外！　　　　　　　　　　　　　161

第13章　容错空间　　　　　　　　　　　　　179

第 14 章	人是会变的	195
第 15 章	世上没有免费的午餐	205
第 16 章	每个人的情况不同	217
第 17 章	悲观主义的诱惑	229
第 18 章	当你相信一切的时候	249
第 19 章	总　结	267
第 20 章	我的理财方案	277
附　录	美国消费者心态形成简史	291
尾　注		317
致　谢		322

序言

地球上最伟大的表演

上大学时，我曾在洛杉矶的一家高级酒店做泊车员。

我有一个常客，是位技术主管。他是个天才，20多岁时就设计出了无线路由器中的一个核心元件，并申请了专利。他曾创立并出售了几家公司。可以说，他是个很成功的人。

他与金钱的关系，在我看来，是一种糅合了不安全感和幼稚的愚蠢而复杂的关系。

他随身携带着一摞差不多10厘米厚的100美元纸币。他会把这些钱拿给每个人看，不管他们是不是感兴趣。他还会公然大声炫耀自己的财富，尤其是在喝醉的时候，并常常没有什么理由。

一天，他给了我一个同事几千美元，对他说："去街边的珠宝店，帮我买一些1,000块面值的金币。"

一个小时后，当这位主管拿到金币，他便和他的朋友们来到俯瞰太平洋的一座码头上。他们开始把这些金币当成石子去打水漂。他们一边争论着谁打得远，一边咯咯地笑着。而这种举动纯粹是因为他们觉得好玩。

几天后，他把酒店餐厅里的一座台灯打坏了。经理告诉他，这座台灯价值 500 美元，他需要赔偿。

"你要我赔 500 块？"这位主管不敢置信地问着，从口袋里掏出砖头一样厚的现金丢给这位经理，"这是 5,000 块，现在立马从我眼前消失。别再用这种事侮辱我了。"

你或许会问，他这样的行为能持续多久。答案是"没多久"。我在几年后听说这位老兄破产了。

这本书的一个重要前提是，理财的成功与否和你的智商关系不大，但和你的行为习惯紧密相关。而行为是很难教授的，即便是面对那些高智商的人。

一个无法控制个人情绪的天才或许会引发财务上的灾难，但反过来看——那些没有接受过专业金融教育的普通人，也可以凭借与智商衡量标准无关的良好行为习惯，最终走向富裕。

我最喜欢的维基百科词条的第一句是这样的：

罗纳德·詹姆斯·里德（Ronald James Read），美国慈善家、投资者、门卫和加油站工作人员。

罗纳德·里德出生于佛蒙特州的乡下。他是家族中第一个读高中的。更让人惊叹的是，他每天都要靠搭便车去学校。

对于那些熟悉罗纳德·里德的人来说，关于他，并没有太多值得提的事。他的生活一直平淡无奇。

里德曾在一家加油站做过 25 年汽车修理工，又在杰西潘尼服装商场（JCPenney）拖了 17 年地板。38 岁时，他花 1.2 万美元买了一套两居室的房子，然后在那里度过了他的余生。他的妻子在他 50 岁时离世，之后他没有再婚。里德的一个朋友回忆说，他最大的爱好是劈柴。

里德于 2014 年去世，享年 92 岁。就在那时，这位来自乡下的普普通通的门卫登上了全世界的新闻头条。

2014 年，共有 2,813,503 名美国人去世。他们当中只有不到 4,000 人在去世时的净金融资产超过 800 万美元，而里德便是其中之一。

在遗嘱中，这位曾经的门卫将 200 万美元留给了自己的继子女，而把剩下的 600 多万捐献给了当地的医院和图书馆。

那些熟悉里德的人对此感到困惑。他这么多的钱是从哪儿来的？

最后，人们发现，里德的财富并没有什么秘密来源。他没有中巨额彩票，也没有继承大笔遗产。里德将能攒的每一分钱都积攒起来，然后去买了蓝筹股，接下来便是漫长的等待。等到几十年后，这些微小的积蓄通过日积月累的复利，最终滚雪球般地变成了800多万。

他从一个门卫到一个慈善家的过程就是这么简单。

就在罗纳德·里德逝世前的几个月，一个名叫理查德的人也登上了新闻头条。

理查德·福斯肯（Richard Fuscone）拥有罗纳德·里德没有的一切。福斯肯毕业于哈佛大学，拥有工商管理硕士学位，曾经在美林集团[①]（Merrill Lynch）做管理层。可以说，福斯肯在金融领域的职场生涯是非常成功的，因此他在40多岁时就选择了退休，然后成为一名慈善家。美林的前首席执行官大卫·科曼斯基（David Komansky）曾赞扬福斯肯，说他拥有"卓越的商业洞察力、出色的领导才能、优秀的判断力和正直的品格"。[1]《克莱恩商业周刊》（Crain's）曾将他评为"40岁以下成功商业人士40强"之一。[2]

然而，接下来发生的事正如那位用金币打水漂的技术主管的经历一样——一切都被毁掉了。

2005年前后，福斯肯大量举债来扩建他在康涅狄格州格林威治村占地近1,700平方米的豪宅。这座住宅共有11个卫生间、2部

[①] 全球最著名的证券零售商和投资银行之一，总部位于美国纽约。——编者注（后同）

电梯、2个游泳池和7个车库。每个月仅维护费用就高达9万美元。

然后，2008年，金融危机爆发了。

这次金融危机几乎波及了每一个人，福斯肯自然也不例外，他的金融资产化为尘埃。高额的债务和难以变现的金融资产让他破产了。"目前我没有任何收入来源。"据说，他2008年对破产法官这样说。

首先，他位于棕榈滩①（Palm Beach）的房子的抵押赎回权被取消。

到2014年，他位于格林威治的豪宅也遭遇了同样的命运。

在罗纳德·里德将自己的财产捐去做慈善的5个月前，理查德·福斯肯的家——在宾客的回忆中，那是一个"可以在俯瞰室内游泳池的透明地板上开怀畅饮、纵情歌舞的令人充满灵感的地方"——以低于保险公司估价75%的价格被止赎拍卖。[3]

罗纳德·里德耐心十足，而理查德·福斯肯则满心贪婪，这才是抹平两人教育背景和理财经验之间悬殊差距的根本原因。

我之所以谈到这些，想说的并不是我们应该多向罗纳德学习，应该避免重蹈理查德的覆辙——尽管这个建议也没错。

这些故事最迷人的地方是，它们只会发生在投资理财领域里。

---

① 美国佛罗里达州东南部的旅游城镇，是美国亿万富豪的度假胜地，也是美国房价最高的地区之一。

在其他哪个领域里,一个没有上过大学,没有接受过培训,没有背景和专业经验也没有社会关系的人可以压倒性地战胜一个接受过最好的教育和专业培训,并有着强大关系网的人?

我想不出第二个了。

你很难想象,如果罗纳德·里德去做心脏移植手术,他会做得比一个哈佛医学院毕业的训练有素的医生好;你也无法想象让罗纳德去设计一座摩天大楼,他的设计水平会超过那些经验丰富的建筑师;更不可能出现一个门卫在核物理领域的表现超过世界一流的核能工程师这样的事。

然而,这样的事在投资理财领域里发生了。

关于罗纳德·里德和理查德·福斯肯这两种极端案例共存的现象,人们提出了两种解释:一种是,理财的结果很多时候靠运气,与智力和努力无关。这句话在一定程度上是对的,对此本书后文还将进行详细讨论。另一种(也是我认为更常见的原因)是,财务方面的成功并不是一门硬科学,而是一种软技能——你怎么做,比你掌握多少知识更重要。

我将这种软技能称为"金钱心理学"。这本书的写作目的就是通过一些小故事来告诉人们,在理财这件事上,软技能比技术层面的能力更重要。我会用一种合适的方式来帮助所有人——从里德到福斯肯,也包括位于二者中间的所有人——让你们能更好地做出财务方面的决定。

我渐渐意识到,这些软技能被过分轻视了。

理财知识很多时候都建立在数学的基础上。你需要把数据套入公式,然后公式会告诉你该做什么,而主流观点认为你需要照做。

在个人理财方面的确如此。人们会告诉你,你需要备好6个月的应急资金,并将每月工资的10%用于储蓄。

在投资中也是如此。我们知道利率和估值之间精确的历史相关性。

在公司财务方面同样如此。首席财务官们可以精确地估算资本成本。

我说这些并不是要评价其中的对错,而是想告诉你,知道该怎么做并不意味着当你真正去做的时候,你的头脑就能完全根据你的知识来运转。

有两种事物会影响每一个人,不管你是否对它们感兴趣——健康和金钱。

医疗保健产业是现代科学的伟大成就,而如今全世界的人均寿命都在增长。科学发现一再推翻医生们关于人体工作原理的旧观念,因此几乎每个人都变得更健康了。

而在与金钱相关的领域——投资、个人理财、商业规划——情况则完全不同。

在过去的20年里，金融业吸引了来自世界顶级大学的最聪明的人。10年前，金融工程专业是普林斯顿大学工程学院最热门的专业。那么，是否有证据证明这一切让人们成了更优秀的投资者？

目前我还没发现。

在过去的几千年里，人类社会通过集体性的反复试错让我们成了更优秀的农业劳动者、更专业的水电工和掌握更先进知识的化学家，但反复试错是否让我们变成了更优秀的理财者呢？我们负债的概率是否降低了？我们提前储蓄以备不时之需的意识是否提高了？我们是否会为退休早做准备了？我们对金钱和幸福的关系是否有符合现实的认识了？

对此，我也还没有找到有力的证据。

我认为，这种现象的主要原因是，我们思考和学习理财的方式更像学习物理的（涉及很多法则和定律），而不像学习心理学的（关注情感及其微妙变化）。

对我来说，这是最重要也最让人着迷的地方。

金钱无处不在。它影响着每一个人，也让许多人感到难以理解。人们对理财的想法都不一样。关于金钱的知识和经验可以被用于生活中的其他许多问题，比如风险、信心和幸福中。很少有其他事物能像金钱这样，仿佛一面强有力的放大镜，帮助你理解人们为何会做出某些举动。可以说，人类涉及金钱的行为是地球上最伟大的表演之一。

我对金钱心理学的理解是在过去10多年间不断撰写相关话题的过程中逐渐形成的。我从2008年初开始撰写金融理财方面的文章。那时正是金融危机爆发的前夜，也是过去80年以来经济衰退的至暗时刻。

为了写明白正在发生的事，我需要先去把情况弄清楚，但在金融危机爆发以后，我领悟的第一个道理是，没有人能准确地解释到底发生了什么或者这一切为何会发生，更不用说如何去应对了。每个看似合理的解释总会迎面遭遇同样有说服力的解释的反驳。

工程师之所以能确定桥梁坍塌的原因，是因为当特定区域的受力超过了某个临界值时，桥就会断裂。这是公认的事实。物理现象不会出现争议，是因为物理现象必然是遵从物理定律的。金融现象则不同，是由人类行为决定的。我做的事对我来说是合理的，但你可能会感到难以理解。

对金融危机研究得越深，写的文字越多，我就越意识到，关于金融危机，从心理和历史角度而非金融本身入手，你可能才会更好地理解它。

想要理解为什么人们会债务缠身,你不必研究银行利率,而应该研究关于人类的贪婪、不安全感和乐观主义的历史;想要理解为什么人们会在熊市的最低点将股票卖出,你不必从数学角度研究未来预期回报,而应该想想一名投资者面对着家人,心里盘算着自己的投资行为是否会危及他们未来生活时的那种煎熬。

我很喜欢伏尔泰的一句话:"历史从来不会重复,人类却总会重蹈覆辙。"这句话尤其适用于我们的理财行为。

2018年我曾写过一篇文章,总结出20个在我看来影响人们理财行为的最重要的心理弱点、偏见和不良行为原因。文章标题就是"金钱心理学",有100多万人阅读过。本书则是对这个话题的进一步探讨,因此文章中的某些片段会在书中重新出现。

你手中拿的这本书由20章组成,每一章都解释了金钱心理学中的一个在我看来非常重要,却常常与我们的直觉相悖的主题或原理。所有章节都围绕着一个共同的主题展开,又独立成章,可供单独阅读。

这本书不长,欢迎你的阅读。很多读者都无法读完一本书,而很多主题其实并不需要长达300页的书来解释,所以我采取了20个独立篇章的撰写方式。你是可以读完本书的,总比面对大部头时读到一半就放弃好。

现在就让我们出发吧!

第 1 章

没有人真的对钱失去理智

你对金钱的个人经验可能只有 0.00000001% 符合实际，

但它构成了你对世界运作方式的主观判断的 80%。

让我来告诉你一个真理。它或许会让你对自己支配金钱的方式感到自在一些，对别人支配金钱的方式也不会再感到不解。

人们在消费和理财时总会做一些看似疯狂的事，但实际上没有人真的失去理智。

其后的原因是这样的：不同人的出生年代不同，成长经历不同，家庭经济状况和价值观不同，所处的社会环境不同，所在国家的经济形势和就业情况不同，经济激励手段不同，运气好坏不同，因此他们关于金钱的认知和态度就完全不同。

每个人对世界的运作方式都有独一无二的体验，而个人的亲身经历都比从别人那里得到的经验更能让自己信服，所以我们所有人——你、我、每一个人——在生活中都有一套关于金钱的独特观点，而这些观点又都存在很大的差异。正因为这样，在你看来不可思议的事，对我来说可能合乎情理。

一个在贫困环境中长大的人对风险和回报的看法是一个出身于富有的银行世家的人难以理解的。

那些在通货膨胀时期长大的人经历了那些在物价稳定时期长大的人从来不必经历的事。

那些在大萧条期间倾家荡产的股票经纪人的经历是那些沐浴在20世纪90年代末美国经济发展荣光中的技术工人无法想象的。

30年来都没有经历过经济衰退的澳大利亚人的感受是美国人从未体验过的。

这样的例子不胜枚举。人们对金钱的不同体验可以列出很长的清单。

关于金钱,你知道的事是我不知道的,反之亦然。你在生活中的信仰、目标和对未来的预期也和我的不同。这倒不是因为我和你谁更聪明或者谁掌握了更有用的信息,而是因为我们的生活经历不同,而这些经历对不同人而言又具有足够强的说服力。

你对金钱的个人经验可能只有0.00000001%符合实际,但它构成了你对世界运作方式的主观判断的80%。所以,两个同样聪明的人对经济衰退的发生机制和原因、如何进行投资、哪些问题需要优先考虑、自己能承受多大风险等问题会持有不同的看法。

在记录20世纪30年代的美国社会生活的作品中,弗雷德里克·刘易斯·艾伦①（Frederick Lewis Allen）写道，大萧条"在数百万美国人心中留下了深刻的印记，而这贯穿了他们的后半生"。但是，每个人对大萧条的体验都是不同的。大萧条25年后，约翰·F. 肯尼迪（John F. Kennedy）竞选总统时，有位记者询问他对大萧条的记忆，他说：

> 我对大萧条没有什么亲身经历。我的家族是世界上最富有的家族之一，在大萧条后的财富比之前更多了：我们住的房子更大了，仆人更多了，旅行也更频繁了。关于大萧条我亲眼见证的唯一的事是，我父亲多雇用了一些园丁，只是为了给他们一份可以糊口的工作。我是在哈佛读书时才第一次真正认识到大萧条的。

这在1960年的总统竞选中成了一个很重要的话题。人们会想，我们怎么能让一个对上一代人生命中最重要的经济事件一无所知的人来管理经济呢？不过，肯尼迪对第二次世界大战的经历在很大程度上弥补了他在前一点上的不足——这是上一代美国人的两种共有的情感体验中的另一种，也是他的头号竞争对手休伯

---

① 美国著名历史学家，从哈佛大学毕业后曾留校从事教职工作，并曾担任《大西洋月刊》编辑、《世纪杂志》主编以及《哈泼斯杂志》主编。

特·汉弗莱（Hubert Humphrey）所欠缺的。

摆在我们面前的问题是：一个人掌握再多的知识，拥有再开放的心态，都不可能真与恐惧和不确定性的力量抗衡。

我可以在书中读到人们在大萧条中失去一切时的心情，但我永远不会有亲身经历之后才会留下的情感创伤。经历过大萧条的人们也无法理解，为什么像我这样的人会对持有股票这样的事感到欣喜。我们在用完全不同的视角看世界。

电子报表可以模拟股市大跌的历史，但是无法模拟一个人在回到家后面对着妻儿，心想着自己是否犯了会毁掉他们生活的错误时的那种焦虑。研究股市的历史后，你会觉得自己明白了某些事，但只有亲身经历过，感受过它的巨大影响，你才可能真正改变自己的行为。

我们都觉得自己明白这个世界是如何运作的，但其实我们只经历过其中很小的一部分。

正如投资人迈克尔·巴特尼克（Michael Batnick）所言："有些事只有真正经历过才会懂。"所以，从某种意义上讲，我们都在被这种现象持续不断地影响着。

2006年，美国国家经济研究局（National Bureau of Economic

Research）的经济学家乌尔里克·马尔门迪尔（Ulrike Malmendier）和斯蒂芬·纳格尔（Stefan Nagel）深入研究了 50 年间的《美国消费者财务状况调查》（"Survey of Consumer Finances"）——对美国人理财方式的详细研究。[4]

从理论上讲，人们应该根据自己的投资目标和手边的投资选项的特点来做出投资决策。

但他们并没有这样做。

这两位经济学家发现，人们一生中的投资决策在很大程度上取决于其生活经历——尤其是成年后的早期经历。

如果你在通货膨胀率很高的经济环境中长大，和那些在通货膨胀率低的环境下长大的人相比，你在往后的投资生涯中会把更少的钱投入债券。而如果你在股市繁荣的环境中长大，和那些在股市不景气时期长大的人相比，你在以后会把更多的钱投入股票。

两位经济学家写道："我们发现，个体投资者承担风险的意愿取决于个人早期的经历。"

起决定作用的不是智力，不是教育或阅历，而是一个人出生的时间和地点——纯粹靠运气的因素。

《金融时报》（Financial Times）曾在 2019 年采访过著名的债

券经理人比尔·格罗斯[①]（Bill Gross）。采访文章写道："格罗斯承认，如果他早出生或晚出生10年，他可能就不会有如今的成功了。"格罗斯的生涯刚好赶上了利率大跌的时候，而这使债券的价格飙升。这种情况不仅会带来机会，在你身上发生时，它也会影响你对机会的看法。对格罗斯来说，债券就是印钞机，而对他父亲这一代在高通货膨胀环境中艰难长大的人来说，它们是财富的粉碎机。

每个人对金钱的体验都是不同的，即使是在那些你觉得经历很相似的人之间。

以股市为例。如果你出生于20世纪70年代的美国，在你10多岁到20多岁这个时间段，标普500指数（S&P 500）增长了将近10倍（因通货膨胀而调整后），无疑意味着巨大的回报。而如果你出生于20世纪50年代的美国，在你10多岁到20多岁这个时间段，股市几乎在原地踏步。因此，出生于不同时期的两组人在各自的一生当中，便会对股市产生截然不同的看法（见图1.1）。

或者看看通货膨胀。如果你出生于20世纪60年代的美国，在10多岁到20多岁这样一个年轻而易受影响的年龄段，你正在学习关于经济如何运作的基础知识。这时，通货膨胀使物价上涨

[①] 被称为"债券之王"，是世界最著名的投资公司之一PIMCO的创始人和首席投资官，全球最著名、业绩最佳的基金经理。

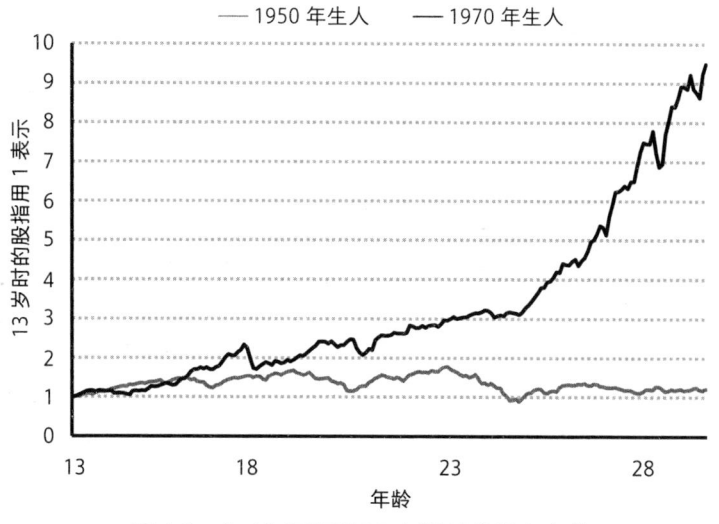

图 1.1　你 10 多岁到 20 多岁时的股市走势

了 3 倍多。这是一个巨大的涨幅。你还记得加油站的长队和比此前明显更快耗尽的工资吗？但是，如果你出生于 20 世纪 90 年代，通货膨胀率在你成长过程中一直都很低，那么你可能永远都不会想到这个问题（见图 1.2）。

2009 年 11 月，美国的全国失业率大约是 10%，但 16～19 岁、没有高中文凭的非裔男性的失业率则高达 49%，而 45 岁以上、有大学文凭的白人女性的失业率只有 4%。

在第二次世界大战中，德国和日本的股市被彻底摧毁，整个消失了。战争结束后，德国的农场只能为国民提供每人每天大约 1,000 大卡的食物。与此相反，从 1941 年到 1945 年末，美国股

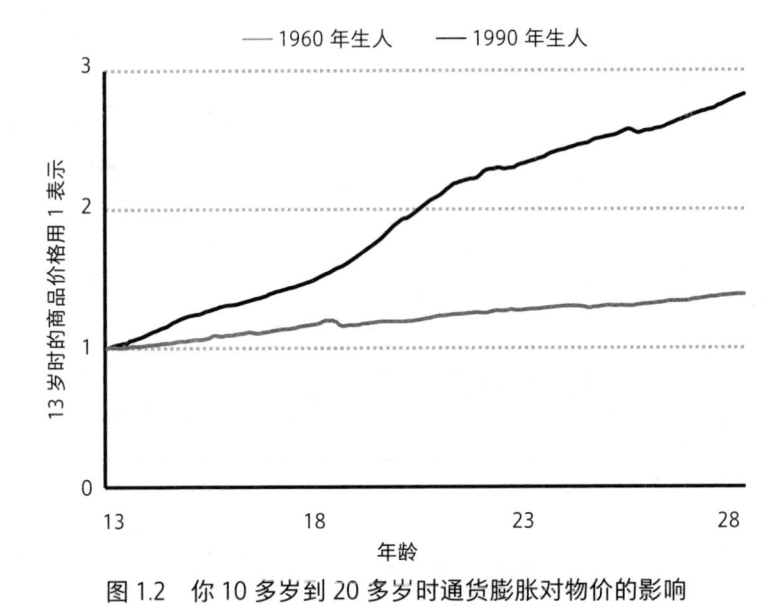

图 1.2 你 10 多岁到 20 多岁时通货膨胀对物价的影响

市翻了 1 倍多，经济发展达到了近 20 年以来的最高水平。

谁也不能期望不同群体的成员在各自的余生中对通货膨胀持有相同的看法。关于股市、失业和与金钱相关的一切问题，道理同样如此。

谁也不能期望他们对同样的财务信息做出同样的反应。谁也不能认为他们会受到同样的经济因素的激励。

谁也不能期望他们采纳同样的建议。

谁也不能期望他们就什么才重要、什么有价值、接下来可能发生什么以及下一步最好该怎么走达成一致。

他们的金钱观是在不同的世界中形成的。在这种情况下，一群人认为不可容忍的想法，对另一群人来说是完全合理的。

几年前，《纽约时报》(The New York Times)对大型电子产品制造商富士康（Foxconn）开设工厂的工作环境做过一次报道。富士康的工作环境很恶劣，读者们自然感到很愤怒，但在评论区中，一名工人的侄子所写的一条回复却引人注目。

我的姑妈在被美国人称为"血汗工厂"的环境中工作过好几年。工作很辛苦，上班时间很长，而工资"很低"，工作环境"很恶劣"。但你们知道我姑妈在来这些工厂上班前是做什么的吗？她靠出卖自己过活。

我觉得，在这样的"血汗工厂"里上班和她以前的生活方式相比已经是巨大的进步了。我知道，我姑妈宁愿每天被可恶的资本家剥削，赚微薄的工资，也不愿再去为了几个子儿让那些男人凌辱自己的身体了。

这就是为什么我对那么多美国人的看法感到愤怒。我们没有你们那么多的机会。我们的生活方式不同。我们所在的国家不同。是的，在工厂里干活很辛苦。是不是应该得到改善？是，但只有在和你们的工作条件做过比较之后。

对此，我不知道该作何评价。我一方面想提出反驳，另一方面又觉得可以理解。但是总体来说，这条评论让我们明白，个体的不同经历可能导致他们对那些看似没有争议的话题出现完全不同的看法。

人们做的与金钱相关的每个决定都有其合理的一面，因为这些决定是他们在掌握了当时所能掌握的信息，然后将其纳入自己对世界运作方式的独特认知框架后做出的。

这些人可能被误导，可能获得不完整的信息，可能数学很糟糕，可能会听信低劣的营销话术，可能不知道自己在做什么，可能对自己行为的后果做出错误的判断。是的，他们当然可能做出以上一切。

但是，每个关于金钱的决定对当时的他们来说都是合理的，是建立在他们当时具备的条件之上的选择。他们会对自己的行为及其合理性做出合乎逻辑的阐释，而这种阐释源于他们独特的经历。

来看一个简单的例子：买彩票。

美国人花在彩票上的钱比花在电影、电子游戏、音乐、体育比赛和书籍上的钱加起来都多。

那么，是哪些人在买彩票呢？绝大多数是穷人。

在美国，收入最低的家庭平均每年花在彩票上的钱是 412 美元，这是那些高收入家庭购买彩票金额的 4 倍。有 40% 的美国人在急需用钱的时候连 400 美元都拿不出来，也就是说，那些每年花 400 美元买彩票的人基本就是这些在急需用钱的时候拿不出 400 美元的人。他们将原本可以为自己提供保障的 400 美元押注在了一个仅有百万分之一的中奖机会上。

对我来说，这是一种疯狂的行为，在你看来或许也如此。但我不在收入最低人群之列，你应该也不在，所以对我们中的许多人来说，这些低收入人群买彩票行为后的潜在逻辑是很难理解的。

但是认真想一下，或许你就能想象到这样的情形：

我们每天靠着微薄的收入生活。存钱对我们来说是不太可能的。我们也无法指望得到更高的收入。我们没有享受美好的假期、购买新车、支付医保或者在安全的社区买房子的钱。我们如果不贷款，就没法把孩子送进大学。你们这些读着理财书籍的人拥有或未来很可能拥有的许多东西，都是我们得不到的。买彩票是我们人生中唯一能实现梦想、得到你们拥有并觉得理所应当的东西的途径。我们买的是梦想，而你们之所以不理解，是因为你们一开始就生活在对我们来说的梦想中。这就是我们那么热衷于买彩票的原因。

你不需要赞同这种想法。在一贫如洗时沉迷于买彩票根本不是一个好主意，但这种现象多少让我理解了为什么彩票市场能够经久不衰。

"你的行为看似疯狂，但我或多或少能理解你为什么那样做"这句话揭示了我们许多财务决策背后的深层原因。

很少会有人简单地根据电子报表来做财务决策。决策往往是人们在用餐或开会时做出的。在这种场合，个人经历、独特的世界观、主观自我、自豪感、营销手段和非同一般的激励因素共同作用，形成了促使你做出决策的语境。

对于为什么有关金钱的决定那么难做，为什么人们总在理财方面犯错，需要注意的另一个重点是，理财这个概念其实是比较新的。

货币有着悠久的历史。公元前600年，如今位于土耳其境内的吕底亚（Lydia）的国王阿利亚特（Alyattes）发行的官方货币被认为开人类历史之先河，但理财相关决策在现代的地基——储蓄和投资——是围绕着一些诞生不久的概念建立的。

以退休为例。2018年底，美国的退休金账户中共有27万亿美元，这成了普通投资者储蓄和投资的主要驱动力。[5]

但是,"工作到一定年限后退休"这个概念在美国最多不过两代人的历史。

在第二次世界大战前,美国人会一直工作到死为止。这就是当时的社会期望和现实。直到 20 世纪 40 年代前,美国 65 岁以上男性的劳动力参与率还在 50% 以上(见图 1.3)。

美国的社会保障体系旨在改变这种状况,但最初提供的补贴还远不够一份退休金的水平。1940 年,当第一个交社保的美国人艾达·梅·富勒(Ida May Fuller)第一次去兑换社保支票时,她拿到了 22.54 美元,因通货膨胀而调整后为 416 美元。直到 20 世纪 80 年代,退休美国人的平均社保支票金额才超过每个月 1,000

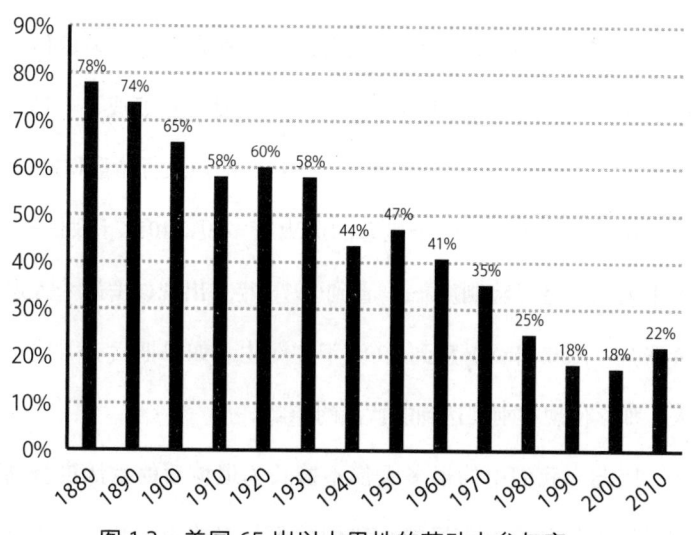

图 1.3 美国 65 岁以上男性的劳动力参与率

年份	参与率
1880	78%
1890	74%
1900	65%
1910	58%
1920	60%
1930	58%
1940	44%
1950	47%
1960	41%
1970	35%
1980	25%
1990	18%
2000	18%
2010	22%

美元（因通货膨胀而调整后）。根据美国普查局（Census Bureau）的统计，直到20世纪60年代后期，美国65岁以上的人群中，还有超过四分之一生活在贫困线上。

美国人普遍有一种"以前人人都有退休金"的认知，但这是一种被过分夸大的错觉。美国雇员福利研究所（Employee Benefit Research Institute）表示："在1975年，65岁以上的人群中只有四分之一享有退休金。"而对这些极少数的幸运者而言，这笔钱也只占其家庭收入的15%而已。

1955年，面对人们越来越想退休却又无法退休的现实，《纽约时报》写道："用一句老话说：现在人人都在谈论退休，但是却没有人为此做点儿什么。"[6]

直到20世纪80年代，"人人都有权利并应当光荣退休"的想法才成为现实。从那以后，能够有尊严地退休便成了一种普遍的期望，而方法就是每个人都需要用自己的钱进行储蓄和投资。

让我来重申一下这个概念的历史有多短：401K计划——美国主要的养老保险制度——直到1978年才出现；罗斯个人退休金账户（Roth IRA）直到1998年才诞生。如果把后者看成一个人，那么他现在刚刚达到能饮酒的年龄。

因此，我们中的很多人都不擅长为退休后的生活进行储蓄和投资也没什么好奇怪的。我们并不是对钱不理智，只不过是经验尚浅罢了。

上大学这个问题也是一样的。25岁以上的美国人中拥有本科学历的比例从1940年的不足5%上升到了截至2015年的25%。[7]大学的平均学费也从那时起上涨了4倍多（因通货膨胀而调整后）。[8]波及面如此之大又如此重要的事如此迅速地冲击着社会——这就是为什么在过去的20年中，有那么多人对助学贷款做出了极其糟糕的决定。因为没有传承几十年的经验可供我们从中学习，所以我们只能走一步看一步。

指数基金（index fund）同样如此——它的历史还不到50年。对冲基金（hedge fund）也只是最近25年才兴起的。甚至人们现在广泛采用的消费债务（consumer debt）形式——抵押贷款、信用卡、车贷——也是在第二次世界大战后才出现的，因为当时的《退伍军人权利法案》（GI Bill）让数百万美国人更容易获得贷款了。

人类驯化狗已经有1万年的历史了，但直到今天，狗身上仍然保留着其远古祖先的某些习性。而如今我们在应对现代金融体系时只有20～50年的历史经验，却希望能完美地适应它。

在这样一个极易受情感而非事实影响的领域中，麻烦就出现了。这就是为什么我们常常无法按理论上的正确方式做出财务决策。

我们之所以经常在金钱方面做出看似疯狂的决策，是因为相较之下在这场游戏里我们都是新手，而在你看来不可理喻的行为对我而言却合乎情理。但是，没有谁真的失去了理智——我们都在依靠自己独特的经验做出选择，而这些经验在特定的时间点和情境下都是合理的。

下面，让我来讲讲比尔·盖茨（Bill Gates）是如何致富的。

— 第 2 章 —

运气与风险

任何事都没有表面看来那样美好或糟糕。

运气和风险就像孪生兄弟一样。它们证明了这样一个事实：生活中的每一个结果都受到个人努力之外的其他作用的影响。

纽约大学教授斯科特·加洛韦（Scott Galloway）提出了一个有趣的看法，在判断自己或他人的成功时，记住这一点非常重要："任何事都没有表面看来那样美好或糟糕。"

―――――――――

比尔·盖茨就读的中学是当时世界上极少数拥有计算机的学校之一。

就连这所位于西雅图郊区的湖滨学校获得一台计算机的故事，都相当值得一提。

比尔·道格尔（Bill Dougall）在第二次世界大战期间做过海军飞行员，退役后进入中学教授数学和科学。"他认为单纯靠书本学习是不够的,学生还需要实际经验。他还意识到,我们在上大学前需要懂点儿计算机知识。"已故的微软联合创始人保罗·艾伦(Paul Allen)回忆道。

1968 年,道格尔向湖滨学校的家长俱乐部提出,希望能用年度旧货义卖赚到的钱——大约 3,000 美元——租借一台与通用电气公司的主机终端相连,可以用来进行分时共享的电传打字 30 型计算机。"分时共享的想法在 1965 年刚出现,"盖茨后来表示,"有的人非常有远见。"当时绝大多数大学研究生院拥有的计算机都没有比尔·盖茨在中学 8 年级时接触到的计算机先进,而盖茨深深地迷上了它。

1968 年,13 岁的盖茨在入学后结识了同班同学保罗·艾伦。艾伦对计算机也很着迷,于是两个人一拍即合。

计算机并不在湖滨学校的通用课程之列,而是一个独立的学习科目。比尔和保罗一有闲暇时间——每天从放学后直到深夜,周末也不间断——就会去鼓捣计算机,放飞自己天马行空般的创造力。很快,他们就变成了计算机专家。

艾伦后来回忆说,在某天深夜,盖茨递给他一本《财富》(*Fortune*)杂志,说:"你觉得经营一家世界 500 强公司是什么感觉?"艾伦说他不知道。"也许有一天我们能自己开公司。"盖茨说。如今,微软的市值已经超过了 1 万亿美元。

来做点儿数学运算吧。

根据联合国的统计,1968 年,全世界大约有 3.03 亿高中生。

其中有 1,800 万是美国人。

其中有 27 万住在盖茨出生的华盛顿州。

其中有 10 万多一点儿的人住在西雅图。

但只有大约 300 人在湖滨学校读书。

从 3.03 亿到 300。

放眼全球,100 万名学生中只有 1 名能够进入一所同时具备租借计算机的经济能力和远见的学校读书,而比尔·盖茨恰好是这 300 人中的 1 个。

对于这个事实代表着什么,盖茨并没有回避。"如果没有湖滨学校,就不会有微软了。"他在湖滨学校 2005 年的毕业典礼演讲中这样说。

盖茨非常聪明,而且极其努力。作为一个十几岁的孩子,他对计算领域的真知灼见甚至是当时那些经验丰富的计算机专家都无法比肩的,而且他还拥有百万分之一概率的好运气,能进入湖滨学校读书。

现在我来讲讲盖茨的朋友肯特·埃文斯(Kent Evans)的故事。他同样受到了命运的青睐,只不过出现在他生命中的是运气的孪生兄弟——风险。

比尔·盖茨和保罗·艾伦因为微软的成功而成了家喻户晓的人物。但在当年的湖滨学校，这个中学计算机天才的小团体其实还有第三个成员。

肯特·埃文斯和比尔·盖茨在 8 年级时成了好朋友。在盖茨的回忆中，埃文斯是当时全班成绩最优异的学生。

两个人在当时"打过不计其数的电话"，盖茨在纪录片《走进比尔》（Inside Bill's Brain）中回忆道。"到现在我还记得肯特的电话号码，"他说，"525-7851。"

埃文斯与盖茨和艾伦一样，都精通计算机技术。湖滨学校曾经在排课方面遇到了难题：将几百名学生所选的课互不冲突地排开是一项非常复杂的工程。于是，学校把这个任务交给了比尔和肯特——不管怎么看，他们当时还只是两个孩子——希望他们能通过创建计算机程序来解决这个难题。他们做到了。

而与保罗·艾伦不同，肯特和比尔有着同等高度的商业头脑和远大抱负。"肯特总是带着一个很大的公文包，就像律师拎的那种，"盖茨回忆说，"我们经常计划未来五六年内我们会做什么。我们能做首席执行官吗？我们能有多大的影响力？我们要去做将军吗？还是去做大使？"不管做什么，比尔和肯特知道，他们肯定会一起做的。

盖茨陷入了对与肯特的友谊的回忆，话音渐渐消失了。

"我们本来可以继续一起读书。我觉得我们一定会一起去上大学的。"肯特本可以与盖茨和艾伦一起成为微软的创立者。

但是这件事永远不会发生了。在高中毕业前夕,肯特在一次登山事故中遇难。

美国平均每年有大约 30 人在登山活动中遇难,[9] 而高中生在登山时遇难的概率约为百万分之一。

比尔·盖茨因为百万分之一的运气进入湖滨学校读书,而肯特·埃文斯却因为百万分之一的风险而遇难,永远不可能去实现他和盖茨立志完成的宏图伟业了。同样的力量,同样的大小,作用的方向却截然不同。

运气和风险都体现出,现实生活中的每个结果还会受到个体努力外的其他作用的影响。二者的本质是相似的,因此你不能只相信其中一个,而无视另一个。二者都可能发生,因为世界是如此复杂,个体的每一个行动并不都能产出预期中的每一个结果。运气和风险背后的运作机制是一样的:在生活这场游戏中起作用的除了我们自己,还有其他 70 亿人,同时还存在着无数的变量。那些在你控制之外的行为产生的意外影响可能比你有意识的行为产生的影响更大。

不过,二者都难以衡量,也令人难以接受,所以常常被人们忽略。每一个比尔·盖茨都对应着一个肯特·埃文斯,后者同样技术精湛，充满热情，但对他们而言，命运大转盘的指针却停在了截然相反的方向。

你如果意识到了运气和风险的重要性，就会发现在评价一个人在金钱方面取得的成功时，不管对象是你自己还是他人，任何事都没有表面看来那样美好或糟糕。

几年前，我曾问诺贝尔经济学奖得主、经济学家罗伯特·席勒（Robert Shiller）："关于投资，你最想知道哪些不可能知道的答案？"

"在成功的投资中运气到底占了多大成分。"他答道。

我很喜欢这个回答，因为事实上没有人会认为财务成功中没有运气的作用，但是因为运气难以被量化，把他人的成功归咎于运气又是一种不礼貌的举动，所以我们大多数时候会自动忽略运气在成功中扮演的重要角色。

如果我说："世界上有 10 亿投资者。在完全随机的条件下，你觉得他们当中能有 10 个人是完全凭运气成为亿万富翁的吗？"你或许会说："当然了。"但如果我让你列举几个这样的投资者的名字——当着他们的面——你可能就要打退堂鼓了。

在评价别人时，将成就归功于运气会显得你很嫉妒和刻薄，哪怕我们知道的确存在运气的成分；而在评价自己时，将成就归功于运气则会令自己感到气馁，难以接受。

经济学家巴什卡尔·马祖德（Bhashkar Mazumder）的研究表明，兄弟关系与收入的相关性比与身高或体重等因素的相关性更强。如果你同时具备有钱和个子高这两个条件，那么你的兄弟有钱的可能性比个子高的可能性大得多。我相信绝大多数人都能依靠直觉相信这个结论——毕竟你所接受的教育质量和你能拥有的机会跟你父母的社会经济地位关系密切。但是，如果你告诉一对同样有钱的兄弟这个事实，他们肯定会拒绝承认自己属于这种情况。

和成功同理，失败这个概念——大到公司破产，小到没能实现个人目标——一样存在比你想象中多得多的不可控因素。

经商失败是因为不够努力吗？投资收益糟糕是因为考虑不够周全吗？事业上遇到坎坷是因为懒惰吗？当然，有时的确如此。

但这些因素在失败中占了多大比重呢？我们很难得知。每一件值得尝试的事都不会有100%的成功率，而风险就在命运这个等式的另一端。你只要遇到它，它对你来说就是100%的。和对待运气一样，如果我们试图分析失败在多大程度上是个人决策错误而非风险造成的，事情会变得很艰难，很麻烦，很复杂。

比如，我买了一只股票，5年后这只股票的价格还在原地踏步。这可能是因为我在一开始买的时候就做了错误的决定，也可能是因为我的决定是正确的，有8成的概率赚钱，但我却刚好遭遇了那2成的不幸。我又怎么会知道到底是哪种原因造成的呢？我到底是自己犯了错，还是遇到了风险？

通过数据来衡量一个决定是否正确的做法本身是可行的，但在现实世界中，我们日常并不会这样做，因为太难了。我们更喜欢简单的故事——简明易懂，但往往具有极大的误导性。

在与一些专业投资人和商界领导者来往多年后，我渐渐发现，人们习惯把别人的失败归咎于错误的决策，而把自己的失败归咎于糟糕的运气。在评价你的失败时，我很容易从因果关系的角度来构建一个清晰而又简单的故事，因为我不知道你脑中当时在想什么。"糟糕的结果一定是糟糕的决策导致的"——这是我认为合理的原因。但在评价自己时，我就会编织一个圆满的故事来为自己的决策找理由，而将失败归咎于风险。

《福布斯》杂志的封面上不会刊登那些做了正确决策却因为运气差而失败的投资者的照片，但一定会刊登那些做了尚可甚至欠考虑的商业决策却因为运气好而致富的投资者的照片。这两种人都在抛硬币，却抛出了截然不同的结果。

关于这件事，危险的一点是，我们都在努力研究成功致富之道。

哪些投资策略有效？哪些无效？

哪些商业策略有效？哪些无效？

如何才能致富？如何才不至于陷入贫困？

我们习惯观察成功和失败的案例，从中吸取经验和教训，总是说"要照着她这样做，不要像他那样做"。

如果我们有一支魔杖，或许我们可以准确地知道，对于一件事情的结果，可以复制的努力和随机出现并对我们的行动产生不同影响的风险和运气各占多大比重。但是我们没有这样的魔杖，而我们的大脑喜欢简单的答案，对复杂的变量并不感兴趣。因此，想找到那些我们可以模仿或避免的特征，是非常困难的事。

让我来讲讲另一个人的故事吧。他和比尔·盖茨一样成功，但是他的成功却很难被归功于运气或实力。

彼时，科尼利尔斯·范德比尔特（Cornelius Vanderbilt）刚刚敲定一系列扩张其铁路帝国的商业合作。

他的一名商业顾问走上前，向他逐一指出了他签订的交易中违反法律的那些。

"天哪！约翰，"范德比尔特说，"你不会以为我们真能在纽约州的法律框架内经营铁路吧？"[10]

读到这里时，我的第一反应是："他有这种态度，也难怪能成功了。"在范德比尔特的时代，铁路事业还没有被纳入法律的考量范围。所以他说"去他的法律吧"，然后肆无忌惮地继续了下去。

范德比尔特的事业极其成功，很容易让人将他藐视法律的做法——一种臭名昭著但对他的成功来说异常重要的行为方式——看成放之四海皆准的智慧：瞧啊，这位充满战斗精神的梦想家不会让任何因素成为自己前进路上的障碍。

但是，这种理解方式会带来多大的危险？没有哪个理智的人会将公然触犯法律的行为看作企业家精神的表现。你很容易为范德比尔特的故事想象出一种截然不同的结局——这个不法分子刚建立不久的公司在受到法律的制裁后破产。

所以，这里就出现了一个问题。

你可能赞扬范德比尔特藐视法律的勇气，但你也可能同样激烈地批评安然公司①（Enron）挑战法律底线的行为。或许一方是在摆脱法律束缚后才幸运地获得了成功，而另一方却正因为同样的举动而陷入了风险的深渊。

约翰·D. 洛克菲勒（John D. Rockefeller）的故事与此相似。

---

① 曾是世界上最大的综合性天然气和电力公司之一，因财务造假丑闻于 2001 年申请破产。

他频繁钻法律空子的行为——一位法官曾评价,他的公司"不比一个惯偷好到哪儿去"——经常被历史学家归类为狡诈的商业智慧。这或许没错。但是,从"不让过时的法律阻碍企业的创新"到"触犯法律"的距离有多远?或者说,"洛克菲勒是个天才,要从他的商业成功中学习经验"与"洛克菲勒是个罪犯,要从他的商业失败中吸取教训"之间的差距有多大?小到可以忽略不计。

"我为什么要在乎法律?"范德比尔特曾说,"我的权力还不够大吗?"

他的确有藐视法律的权力,而且成功这样做了。我们很容易想象,如果事情的结果截然相反,那么这个故事的结尾又会是什么样的。大胆和鲁莽之间的差距非常小。如果我们无视了风险和运气的重要影响,那么这种差距通常是看不见的。

本杰明·格雷厄姆(Benjamin Graham)是有史以来最伟大的投资者之一,被誉为"价值投资之父"。他也是沃伦·巴菲特(Warren Buffett)早期的导师。但格雷厄姆在投资方面大获成功的主要原因是他大量持有政府雇员保险公司(GEICO)的股票。他亲口承认,这一举动违背了他在其一系列名作中鼓吹的几乎每一条关于分散投资的原则。大胆和鲁莽之间的界线在哪里?我不知道。格雷厄姆在谈到自己靠政府雇员保险公司的股票赚得盆满钵满时说:"这到底是因为运气好还是决策高明,要怎么分清?"

恐怕没那么容易分清。

同样，我们会将马克·扎卡伯格（Mark Zuckerberg）看作一个商业天才，因为他在2006年拒绝了雅虎公司（Yahoo!）10亿美元收购其社交媒体公司的提议。他看到了未来的大势所趋，因此坚持着没有放手。但是，夸奖他的人却会转过身去批评雅虎以同样的心态拒绝微软公司收购的行为——"这些傻瓜真应该在他们能套现的时候选择套现离场！"企业家们能从这些例子中学到什么呢？我不知道，因为其中风险和运气的比重太难确定了。

这样的事例还有很多很多。

无数的成功（和失败）案例都将其结果归为金融杠杆的作用。

最优秀的（和最糟糕的）经理都会尽力鞭策员工努力工作。

"顾客永远是正确的"和"顾客不知道他们真正要什么"都被当作商业智慧，被奉若圭臬。

"成功的大胆之举"和"愚蠢的鲁莽行为"之间不过一毫米的距离，而且只有在事后才能下定论。

风险和运气向来是一体两面的，很难分清。

这个问题并不容易解决。在我们努力研究理财的最佳方法时，如何区分运气、技能和风险这些不同因素导致的不同结果，是我们要面对的最大问题。

但有两点可以为你更好地指明方向。

如果你想欣赏和赞扬某人，一定要小心。同样，如果你想轻视某人并避免重蹈其覆辙，也一定要三思。

换句话说，你需要注意，不把某件事的结果100%归于个人的努力和决策。我儿子出生后，我给他写了一封信，其中的部分内容是这样的：

> 有些人出身于重视教育的家庭，而有些人则出身于轻视教育的家庭。有些人出身于鼓励创业的朝气蓬勃的经济环境中，而有些人则出身于动荡和贫穷的环境中。我希望你能成功，也希望你能通过努力赢得一切。但是，你要知道，不是所有成功都源自努力工作；同样，不是所有贫困都是因为游手好闲。在评价别人和自己时，都要牢记这点。

因此，不要太关注具体的个人和案例研究，而要看到具有普适性的模式。

研究具体的个案是很危险的事，因为我们总是习惯研究极端案例——亿万富翁、首席执行官或者那些占据过新闻头条的著名失败者。这些极端案例的成因是非常复杂的，因此通常很难适用于其他非极端的情况。参考案例的结果越极端，你就越难将它们提供的经验应用在自己的生活中，因为结果越极端，这些案例受运气或风险影响的程度往往就越大。

你只有去寻找关于成功和失败的普适性的模式，才更可能获得有价值的经验。模式越普遍，它们对你生活的适用性就越强。试图复制沃伦·巴菲特在投资领域的成功并不容易，因为他的成功非常极端，运气在他的投资生涯中占据的比重很可能非常高，而运气是你无法复制的东西。但当你意识到"能掌控时间的人在生活中更幸福"（我们会在第 7 章中讨论这点）这个共通而普遍的真理时，你就能真正做点儿什么了。

我最喜欢的历史学家弗雷德里克·刘易斯·艾伦一生致力于研究美国普通大众的生活——他们的生活方式、生活中的变化、工作的内容、餐桌上的品类等等。只有在这种一般性的观察而非对那些出现在新闻头条上的极端案例的研究中，你才能获得更多有意义的经验。

比尔·盖茨曾说："成功是一个特别糟糕的老师，因为它会

让聪明人觉得自己不会失败。"

当一切都顺风顺水时,你要知道,事情并不像你想象中那么美好。你并不是战无不胜的。如果你承认自己的成功是因为运气好,那么你也得相信运气的孪生兄弟——风险的存在,而后者可能让你的故事迅速发生 180° 的大转变。

反过来也是这样。

失败也可能是一个特别糟糕的老师,因为它会让聪明人觉得自己做出了极其错误的决策,但这些失败可能只是无法规避的风险导致的。所以,预防失败的诀窍是:做好你的财务规划,使其不至于因为一次糟糕的投资和未能达成的财务目标而全盘崩溃,保证自己能在投资道路上持续前进,一直等到好运降临的那一刻。

但更重要的是,正如我们知道运气在成功中扮演的重要角色,风险的存在也意味着在评价自身的失败时,我们应该原谅和理解自己。

任何事都没有表面看来那样美好或糟糕。

下面,让我们来看看两个贪心不足的人的故事。

第 3 章

永不知足

当富人开始头脑发热……

于2019年去世的先锋领航集团（Vanguard）创始人约翰·博格尔（John Bogle）曾讲过一个故事，让我们意识到了关于金钱我们很少思考的一件事：

在一位富豪在谢尔特岛（Shelter Island）上举办的一次派对上，库尔特·冯内古特①（Kurt Vonnegut）告诉他的朋友约瑟夫·海勒②（Joseph Heller），他们的东道主——一位对冲基金经理——在某一天内赚到的钱比海勒那部广受欢迎的小说《第二十二条军规》（Catch-22）赚到的全部版税还多。海勒回答道："是的，但是我拥有一样他永远不会有的东西——知足。"

---

① 美国黑色幽默文学的代表人物之一，代表作有《第五号屠宰场》。
② 美国黑色幽默文学的代表人物之一，因《第二十二条军规》一举成名。

"知足"——我被这个词简单而又强大的力量震撼了。我感受到的震撼来自两个方面：第一，我自己已经在生活中获得了太多；第二，约瑟夫·海勒的话说得再准确不过了。

"知足"是社会中的一个重要因素，但无数人，包括我们当中很多家财万贯和有权有势者，似乎从来都不知道它的含义是什么。

海勒的回答充满了智慧，又那么强有力。

让我再来讲两个例子。它们体现了不知足是多么危险，以及我们应该从中学到什么。

顾磊杰（Rajat Gupta）出生于印度的加尔各答，在10多岁时就成了孤儿。人们说起那些起点很高的特权阶层的孩子时，会形容他们"一出生就上了三垒"[1]，但顾磊杰出生时甚至可以说连棒球馆都看不见。

然而，就是从这样的起点开始，他取得了非凡的成就。

40多岁时，顾磊杰就成了世界上最负盛名的咨询公司麦肯锡（McKinsey）的首席执行官。2007年退休后，他继续在联合国和

---

[1] 垒球、棒球运动中的最后一个防守位。跑垒员到达三垒后，马上就可以上本垒并得分了。

世界经济论坛担任职务。他和比尔·盖茨合作开展过慈善事业。他是5家上市公司的董事会成员。尽管出生在加尔各答的贫民窟，顾磊杰已经成为当今最成功的商业人士之一。

伴随成功而来的是巨额的财富。截至2008年，顾磊杰的身家达到了1亿美元。[11] 对大多数人来说，这都是一笔他们终生无法企及的财富。哪怕以5%的年回报率来计算，这些钱每小时都能产生接近600美元的收益。

他本可以做任何想做的事。

但他想做的不只是一个百万富翁。他想成为一个亿万富翁，而且是朝思暮想。

顾磊杰是高盛集团（Goldman Sachs）的董事会成员。和他共事的是一群世界上最有钱的投资人。一位投资者在谈到私募股权大亨身家的话题时这样描述顾磊杰："我觉得他想进入那个圈子。那可是个亿万富翁的圈子，对吧？高盛不就是亿万富翁的圈子吗？"[12]

的确如此。于是顾磊杰找到了一个赚钱的法子。

2008年，在高盛面临金融危机的危急时刻，沃伦·巴菲特决定投资50亿美元来拯救高盛。作为高盛董事会成员，顾磊杰在这个消息公布之前就获悉了这笔交易。这个消息价值千金。高盛能否活下来还不确定，但是巴菲特的支援肯定会推动其股价飙升。

在高盛股东大会上获悉这笔交易即将发生的消息16秒后,顾磊杰拨通了一个名叫拉杰·拉贾拉特南(Raj Rajaratnam)的对冲基金经理的电话。电话没有被录音,但在通话结束后拉贾拉特南立即买入了17.5万股高盛股票,因此不难想象顾磊杰在电话里和他进行了怎样的交流。几个小时后,巴菲特和高盛交易的消息被公布,高盛的股价瞬间暴涨。拉贾拉特南在瞬间就赚到了100万美元。

这只是顾磊杰被指控的内幕交易的一例。美国证券交易委员会(SEC)称,顾磊杰的内幕消息共为其公司获得了1,700万美元的收益。

这笔钱赚得很容易,而对检察官们来说,这个案件办起来更容易。

顾磊杰和拉贾拉特南因为内幕交易而双双获刑入狱。他们的职业生涯和名誉也被彻底毁了。

现在再来说说伯尼·麦道夫(Bernie Madoff)吧,他的罪行是众所周知的。麦道夫是继查尔斯·庞兹[①](Charles Ponzi)本人之后最臭名昭著的"庞氏骗局"制造者。在其骗局被揭发之前,麦道夫欺骗了投资者20年——讽刺的是,他就是在顾磊杰购买

---

① 投机商人,"庞氏骗局"的创始人。

高盛股票的内幕交易发生几周之后阴谋败露的。

麦道夫是一名做市商，其工作就是撮合股票买卖双方达成交易。他深谙其道。1992年，《华尔街日报》(The Wall Street Journal)这样描述麦道夫的做市公司：

> 他建立了一家高盈利的证券公司——伯尼·麦道夫证券投资公司，其交易额在纽约证券交易所占据了很大比例。麦道夫公司的场外电子交易的日均成交量为7.4亿，相当于纽约证券交易所每天9%的交易量。麦道夫公司执行交易的速度之快，成本之低，使得它在实际运营中可以从其他经纪公司以每股1美分的价格买入其客户的订单，然后从其中大多数股票的买卖差价中获利。

这可不是对一桩尚未被揭发的骗局进行的不准确的描述——麦道夫的做市生意是合法的。麦道夫公司的一名前职员表示，该公司的做市部门每年的利润能达到2,500万～5,000万美元。

伯尼·麦道夫合法的、非欺诈性的业务无论从何种标准看都取得了巨大的成功。这门生意让他非常富有，而且这种富有是在法律框架内实现的。

然而，他依然冒险进行了欺诈。

我们应该问顾磊杰和麦道夫两个人的问题是：为什么在坐拥上亿财富后，他们仍然要冒着搭上全部身家的风险去获得更多的财富？

那些在生存边缘挣扎的人铤而走险的行为是一码事。一名"尼日利亚骗局"①的惯犯曾告诉《纽约时报》，他为伤害别人而感到内疚，但"贫穷当前，你就感受不到那种痛苦了"。[13]

而顾磊杰和麦道夫的行为则是另一码事了。他们已经拥有了一切——一般人无法想象的财富、名誉、权力和自由——但他们抛弃了这一切，因为他们想要更多。

他们不懂得知足。

这些都是极端的例子。更多人的不知足并没有达到违法犯罪的地步。

一家对冲基金长期资本管理公司（Long-Term Capital Management）的每名员工的个人金融资产都高达数千万至数亿美元，而他们把大部分金融资产都投入了自己负责的基金。然后他们冒着巨大的风险去追求更多财富，结果却在1998年失去了一切——当时正值历史上最大的牛市，也是美国经济发展最强劲的时期。沃伦·巴菲特后来写道：

---

① 一种曾经盛行的垃圾邮件诈骗形式。骗子谎称自己是落难的尼日利亚王子，吸引受害者投资。

为了赚他们并未拥有也不需要的钱，他们拿自己已经拥有并确实需要的东西去冒险了。这是愚蠢至极的做法。冒着失去重要东西的风险去争取并不重要的东西的行为毫无道理可言。

以自己拥有和需要的东西为赌注冒险，希望获得自己没有也不需要的东西，这种行为毫无道理。

这个道理浅显易懂，却经常被我们忽视。

我们中很少有人会像顾磊杰或麦道夫那样拥有1亿美元的金融资产，但是本书读者中有相当大的一部分人在人生中某些时候赚到的钱或拥有的财富能够满足生活中所有合理的需求，并能让自己去做想做的许多事。

如果你是其中一员，请记住以下几点。

1. 最难的理财技能是让逐利适可而止。

这是最重要的原则之一。如果目标随着结果水涨船高，那么你就没有理由去追逐更多了，因为你花更大力气获得更多财富后的感受依然和之前一样。当想拥有更多——更多的金钱、权力和声望——的欲望比满足感增长得更快时，事情就变得很危险了。此时，你向前一步，你想追逐的目标就会向前两步。你会感觉自己始终处在落后的位置，而追上目标的唯一办法就是冒更大的险。

现代资本擅长创造两种东西：财富和嫉妒。或许这二者从来都是相辅相成的，正是想要超越其他人的愿望为人们提供了拼命工作的动力。但是，如果不懂得知足，生活中便没有了快乐，正如那句俗话所说，"幸福是你拥有的减去你期待的"。

2. 问题的症结在于攀比心态。

一个棒球界新手一年的工资收入大约是 50 万美元。不管怎么看，这都是一笔相当可观的收入了，但假设他和迈克·特劳特①（Mike Trout）是队友，而特劳特签的是一份为期 12 年、薪酬共计 4.3 亿美元的合同。二者相比，这位新手的收入简直不值一提。但再看看迈克·特劳特。他折合每年 3,600 万美元的工资是一笔高得离谱的收入，但如果你想跻身 2018 年度收入前十名的对冲基金经理，你需要一年赚至少 3.4 亿美元，[14] 而这些人又是特劳特这种收入水平的人会去做比较的。每年能赚 3.4 亿美元

---

① 美国著名职业棒球运动员，在 2019 年"福布斯 100 名人榜"上排名第 55 位。

的对冲基金经理做比较的对象则是排名前五的对冲基金经理，而2018年后者的收入至少要达到7.7亿美元。而这几位顶级基金经理要看齐的对象则是像沃伦·巴菲特这样的顶级富豪，后者2018年的个人收入是35亿美元。而巴菲特则可以向杰夫·贝索斯[①]（Jeff Bezos）看齐，后者2018年的净收入是240亿美元——这笔收入转换成时薪，都比那位在普通人看来已经很富有的棒球界新手一整年赚的还要多。

问题在于，攀比的天花板很高，因此实际上没有人能触摸到它。或者说，攀比就像一场没有人能打赢的战役，取胜的唯一办法是根本不要加入这场战争——用知足的态度接受一切，即使这意味着自己比周围的人逊色。

我的一个朋友每年都会去拉斯维加斯玩。有一年，他问一个发牌员他自己玩什么，在哪个赌场里玩。这位发牌员冰冷而严肃地说："在拉斯维加斯，唯一能赌赢的方法就是在刚进来的那一刻转身离开。"

总想变得和别人一样富有的游戏的本质也是如此。

[①] 购物网站亚马逊（Amazon）创始人，2020年度美国首富。

3. 你在知足心态下获得的东西已经够多了。

有人觉得,知足的心态是一种保守主义,会让你错过机会和可能性。

我不这样认为。

知足意味着深知它的反义词——永远难以填满的欲望——会将你推向后悔的境地。

如果你想知道自己的饭量到底有多大,那么唯一的方法就是吃到吐为止。很少会有人尝试这么做,因为呕吐的痛苦是任何美食都无法弥补的。但是,出于某些原因,这种认知却没有被迁移到商业和投资行为中。很多人只有到破产或被迫停止时才会停下逐利的脚步。这种情况可能像工作过劳或无法掌控风险投资配置一样,并不是谁故意为之,但也存在像顾磊杰和伯尼·麦道夫那样不计后果地使用不正当的手段攫取每一分钱的人。

不管怎样,如果你无法拒绝潜在的金钱诱惑,那么欲望最终可能将你吞没。

4. 世界上很多事都不值得冒险,无论潜在收益有多大。

在刑满释放后,顾磊杰告诉《纽约时报》,自己通过这件事得到的教训是：

> 不要太看重任何东西，不管是名誉、成就还是其他。现在想想，名誉这东西到底哪里重要呢？好吧，我的名誉被毁了，真是太不公平了。但过于在乎名誉只会徒增烦恼。

这可能是他能从这段经历中得到的最糟糕的教训了。在我看来，这不过是一个明知自己的名誉已经一去不返却还拼命想挽回它的人进行的无力的开脱。

名誉是无价的。

自由和独立是无价的。

家人和朋友是无价的。

你希望从某些人处获得的敬爱是无价的。

幸福是无价的。

要想留住这些，最好的方法是懂得什么时候停止冒险，以免伤害到它们。懂得在应该停止的时候停止。

好消息是，帮你获得知足心态的强力工具其实非常简单，而且不会让你冒破坏任何东西的风险。它就是我们下一章的主题。

――――― 第 4 章 ―――――

复利之谜

沃伦·巴菲特 845 亿美元的金融净资产中有 815 亿是在 65 岁以后赚到的。这虽然不符合直觉,却是事实。

一个领域里的知识和经验常常可以为其他领域提供重要的借鉴。让我们以在地球上延续数十亿年的冰川时期为例，看看它能在个人财富增长方面给我们带来哪些启发。

———————

人类对地球的科学探索其实比你想象中要短得多。要想了解世界是如何运行的，我们必须穿过地球表面，向地下深入挖掘，而我们的技术达到这种水平的时间并不算长。在艾萨克·牛顿（Isaac Newton）计算出恒星的运动轨迹后数百年，我们才对所处的星球有了一些基础了解。

直到19世纪，科学家们才一致认为，在过去上亿年中，地球曾不止一次进入被冰川覆盖的时期。[15] 在此之前，有大量证据证明地球经历过一次冰期。在全世界各地都能发现史前冰川的遗迹：从随处散落的巨石，到被刮成薄层的岩床。随着地球经历过不止一次冰期的证据渐渐浮出水面，科学家们通过测量，发现地球经历过 5 次相互独立的冰期。

将地球冰冻后融化并再次冰冻所需要的力量令人难以想象。是什么让这种循环成为可能？在这种现象背后作用的力量一定是地球上最强大的力量。

这种力量的确是最强大的，只不过不是人们想象中的那种强大。

关于冰期的形成原因，存在很多科学理论。从这些理论体现的影响力巨大的地质作用角度看，它们都很有道理。有些人认为，当山脉的隆起极大地改变了地球的风向后，地球上的气候也会随之改变；另一种受人青睐的观点是，冰期是地球的常态，偶尔大规模的火山喷发才使得地球变暖。

然而，这些理论都无法解释冰期为什么会循环发生。无论是山脉的隆起还是大规模的火山喷发或许都可以解释其中某次冰期的发生，但无法解释冰期的 5 次循环。

20 世纪初，一位名叫米卢廷·米兰科维奇（Milutin Milanković）的塞尔维亚科学家在研究地球与其他行星的相对位置时提出了目前公认正确的冰期成因理论：受太阳和月球引力的影响，地球的倾斜角度发生了轻微的改变，朝太阳所在的方向倾斜。在这个可长达上万年之久的过程中，地球的两个半球吸收的太阳辐射比起过去分别会有轻微的增加或减少。

而正是在这里，奇迹发生了。

米兰科维奇的理论最初认为，地球的倾斜导致冬天变得极寒，从而使地球被冰川覆盖。但一位名叫弗拉基米尔·柯本（Wladimir Köppen）的俄罗斯气象学家在深入研究过米兰科维奇的著作后发现了一个有趣的事实。

冰期形成的主要原因并非极寒的冬季，而是凉爽的夏季。

冰期的形成始于没有足够热量融化前一个冬季留下来的冰雪的夏季。残留下来的冰雪使下一个冬季到来时的冰雪更容易累积，从而让下一个夏季需要融化的积雪增加，而在下一个冬季到来时又会促进更多冰雪累积。多年积下的雪会反射更多阳光，进一步加剧了气温的降低，带来了更多的降雪……这个循环周而复始。在几百年的时间里，当季节性的积雪层逐渐演变成大陆冰川，好戏就开始了。

反之亦然。地球倾斜角度的变化让更多阳光能够融化更多的冬季积雪，从而使其在下一年中反射更少的阳光，进而使温度增加，导致下一年的积雪变得更少，然后同样周而复始，形成一个循环。

这个过程中让人感到不可思议的是，一个规模巨大的现象的形成源自特定条件下的一个相对不起眼的变化。从某个凉爽的夏季遗留的一片所有人都不以为然的薄薄的冰层开始，经过历史长河中的一个瞬间，整个地球都被变成了茫茫冰川。正如冰川学家格温·舒尔茨（Gwen Schultz）所言："地球冰川形成的关键并不一定是大量的降雪，而是雪能累积下来，无论量有多少。"

冰川时期的形成过程告诉我们，巨大的结果并不一定需要巨大的力量。

如果一个事物不断重复和累积——哪怕只有一点儿微小的增长为未来的持续增长提供动力——起点虽低，最终却可能产生超乎想象、似乎违反直觉的结果。正是因为这因果关系看似不符合直觉，你才会低估其可能性，不知道增长从何而来，又会带来多么巨大的结果。

理财也是如此。

市面上有两千多部阐述沃伦·巴菲特投资理念的图书，其中有很多都写得很精彩，但很少有人去关注一个最简单的事实：巴菲特拥有如此巨额的财富，并不只是因为他是一个优秀的投资家，更是因为他卓越的投资生涯从他还是个孩子时就开始了。

在我写下这段话的时候，沃伦·巴菲特拥有的金融净资产为

845 亿，其中的 842 亿是在 50 岁之后赚到的，其中的 815 亿则是在 65 岁后赚到的——他从可以去领取退休金的年龄开始，赚到了这么多。

沃伦·巴菲特是一个现象级的投资者，但如果你把他的所有成功都归功于投资智慧，你就忽视了一个关键因素。他成功的真正秘诀是：在过去的四分之三个世纪当中，他一直是一个现象级的投资者。如果他从 30 岁左右才开始投资，到 60 岁时便选择了退休，那么知道他的人可能会寥寥无几。

来做一个简单的思考实验。

巴菲特从 10 岁起便把投资当成了一项事业。到 30 岁时，他已经有了 100 万美元的身家。考虑到通货膨胀，这笔钱相当于现在的 930 万美元。[16]

假如他只是个普通人，在 10 多岁或 20 多岁时也像大部分人那样探索世界，寻找热情所在，那么到了 30 岁时，他会有多少财富呢？也许是 2.5 万美元？

再假如，他的这笔财富以出色的年回报率（22%）持续增加，但到 60 岁时，他结束了自己的投资生涯，开始把时间花在打高尔夫球和含饴弄孙上。

那么今天他的财富大概是多少呢？

不是 845 亿美元。

而只有 1,190 万美元。

这个数字和他当前的身家相比少了 99.9%。

实际上，沃伦·巴菲特在投资领域取得的成功离不开他年轻时打下的良好的财富基础，以及他对投资的长期坚持。

他的确有高超的投资技巧，但是秘诀在于时间。

这就是复利的效应。

我们换一种方式来看这件事。巴菲特是有史以来最富有的投资者，但他实际上并不是最伟大的，至少从回报率的角度看不是。

对冲基金文艺复兴科技公司（Renaissance Technologies）的主席吉姆·西蒙斯（Jim Simons）的身家从 1988 年开始以每年 66% 的复利速度增长。至今没有人接近这个纪录。我们知道，巴菲特每年的复利率大约是 22%，只有西蒙斯的三分之一。

在我写这段话的时候，西蒙斯的金融净资产是 210 亿美元，是巴菲特的金融净资产的 25%。我知道，考虑到西蒙斯的复利率，这听起来是多么荒诞的一件事。

如果说西蒙斯在投资方面表现更出色，那为什么差距会这么大？原因是，西蒙斯直到 50 岁才找准自己的投资道路，所以他投资的时间还不到巴菲特的一半。如果西蒙斯也像巴菲特一样投资了 70 年之久，那么以 66% 的年复利率计算，他的财富将是——请屏住你的呼吸——63,900,781,780,748,160,000 美元。

这真是一串令人无法想象的天文数字。关键就在于，在关于增长的假设中，这种巨额的结果正是一些微小的变化导致的。因此，当我们研究为什么有些事物的规模会变得那么大——冰期是如何形成的，或者沃伦·巴菲特为什么会那么富有时——许多时候，我们都忽视了成功的这种关键驱动力。

我曾听许多人说过，第一次看到复利表——或者听到从 20 岁时开始储蓄和从 30 岁时开始储蓄到退休时的财富差距有多大的故事——如何改变了他们的生活。但这或许并不是真的。他们更可能出现的真实反应是震惊，因为无论是复利表还是储蓄额的差距看起来都是不合"常理"的。线性思考远远比指数思考更符合直觉。如果我让你心算 8+8+8+8+8+8+8+8+8 等于多少，你能在几秒钟内算出来（结果是 72），但如果我让你心算 8×8×8×8×8×8×8×8×8 是多少，你可能觉得自己脑袋都要爆炸了（结果是 134,217,728）。

20 世纪 50 年代，IBM 公司生产出了世界上第一块计算机硬盘，容量只有 3.5M。到了 60 年代，硬盘容量扩大到了几十 M。到了 70 年代，IBM 推出的温彻斯特驱动器的容量达到了 70M。自此以后，计算机硬盘以飞快的速度不断缩小尺寸，增大容量。到了 90 年代早期，一台标准个人计算机的硬盘容量达到了

200M～500M。

接下来——砰！一场爆炸式的增长开始了。

1999 年，苹果公司的 iMac 电脑的硬盘容量达到了 6G。

2003 年，Power Mac 电脑的硬盘容量为 120G。

2006 年，新一代 iMac 电脑的硬盘容量为 250G。

2011 年，第一块容量为 4T 的硬盘出现。

2017 年，容量为 60T 的硬盘出现。

2019 年，容量为 100T 的硬盘出现。[①]

总结一下以上过程：从 1950 年到 1990 年，计算机硬盘的容量只增加了 296M，但从 1990 年到今天，计算机硬盘的容量却增加了 100,000,000M。

如果你是一个生活在 50 年代、对科技发展持乐观态度、愿意做出大胆猜测的人，你或许会认为未来硬盘的容量会增加 1,000 倍，甚至 1 万倍。很少有人能发出豪言："在我活着的几十年中，硬盘的容量会增加 3,000 万倍。"但这却是事实。

复利的这种反直觉的特性，导致我们中最聪明的人都忽视了它的强大力量。2004 年，比尔·盖茨对新版 Gmail 邮箱提出了批评，因为他觉得没人需要 1G 那么大的容量。对此，作家斯蒂

---

① 1G=1,024M，1T=1,024GB

芬·列维（Steven Levy）写道："虽然他始终处在技术前沿，但他的思想却停留在过去，依然将存储视为一种需要被节省着用的资源。"你永远无法习惯事物变化与翻新的速度。

这里的危险之处在于，如果复利是一种不符合直觉的东西，那么我们就会经常忽视其潜在的价值，而把注意力集中到其他方面，试图通过其他途径来解决问题。这并不是因为我们考虑得太多，而是因为我们很少停下来思考复利的潜力。

在分析巴菲特成功经验的两千本书中，没有一本使用了"这个人持续投资了四分之三个世纪"这样的标题，但我们知道，时间才是他成功的关键。你很难考虑到这一点，因为它不符合直觉。

市场上有很多关于经济周期、交易策略和投资领域选择的书，但最有力量、最重要的书应该叫《静下心来，耐心等待》。这本书只需要一页，上面印着记录经济长期增长的表格。

我们能从中学到的是，复利的反直觉特性或许正是绝大多数失败的交易、糟糕的策略和成功的投资尝试背后的原因。

你不能指责别人把他们的全部精力与资源——无论是为了吸取经验还是进行实践——都投入预期回报最高的领域。至少从直觉角度看，这是最佳致富方式。

但是好的投资并不一定意味着长期回报最高，因为高回报的投资往往是一次性的,很难重复。好的投资是可以持续获得不错的收益并能长期重复的投资——这正是复利开始大显身手的地方。

与此相反的则是回报很高但无法持久的案例,其中很多甚至引发了悲剧。我将在下一章中谈到这个话题。

── 第 5 章 ──

致富 vs. 守富

成功的投资并不需要你一直做出成功的决定。

你只要做到一直不把事情搞砸就够了。

致富的方式有千万种，市面上告诉你如何致富的书籍也数不胜数。

但守富的方式却只有一种：在保持节俭的同时，还需要一些谨小慎微。

这个话题还没有得到社会舆论的充分讨论。

让我来用两名投资者的小故事开始这个话题。这两名投资者互不相识，但他们的人生轨迹却在一个世纪以前以一种很有趣的方式发生了交集。

杰西·利弗莫尔（Jesse Livermore）出生于1877年，是他那个时代的美国最伟大的股票市场交易员。在大多数人知道股票交易这个概念之前，他就已经成了一名专业的交易员。到30岁前，

他的金融资产已经达到了相当于现在1亿美元的水平。

到了1929年,杰西·利弗莫尔已经是世界上最有名的投资家之一了。同年发生的股市崩盘开启了大萧条的序幕,却进一步稳固了他在投资史上的地位。

在1929年10月的一周时间里,美国股市的市值蒸发了超过三分之一。后来人们把这周中的几天分别称为"黑色星期一""黑色星期二"和"黑色星期四"。

10月29日这天,当利弗莫尔回家时,他的妻子多萝西正在担心是不是发生了最坏的情况。当时,纽约处处传播着华尔街投资者自杀的报道。她和孩子们在门口哭着迎接了杰西,而她母亲正因为情绪崩溃而躲在另一个房间里大叫。

据利弗莫尔的传记作家汤姆·鲁比森(Tom Rubython)称,当时杰西一脸困惑,片刻后才意识到发生了什么。

然后,他告诉家人,出于明智的判断和好运气,他打赌股市会下跌,一直以来都在做空市场。

"你是说,我们没破产?"多萝西问道。

"当然没有,亲爱的。相反,今天是我入行以来赚得最多的一个交易日——现在我们富得流油,可以做想做的任何事。"杰西说。

于是,多萝西跑到她母亲的房间里,让她别再叫了。

在一天的时间里，杰西·利弗莫尔赚到了相当于如今的 30 多亿美元的财富。

在股市历史上最糟糕的一个月里，他成了世界上最富有的人之一。

正当利弗莫尔一家庆祝命运赠予他们的成功时，另一个人正在纽约街头绝望地徘徊。

亚伯拉罕·日耳曼斯基（Abraham Germansky）是一名从事房地产开发的千万富翁。在 20 世纪 20 年代的经济上升时期，他发了大财。在这个经济繁荣的时期，他做了几乎每个成功的纽约人都会在 20 世纪 20 年代后期做的事：将一切都押注在了持续增长的股市中。

1929 年 10 月 26 日，《纽约时报》刊登了一篇报道，其中两段描述了一个悲惨的结局：

> 昨天早上，家住弗农山庄的亚伯拉罕·日耳曼斯基夫人请求百老汇 225 号的伯纳德·H. 桑德勒律师帮忙寻找自己从周四早晨起就失踪的丈夫。日耳曼斯基先生今年 50 岁，是东区的房地产开发商。据桑德勒说，他在股市中投入了巨资。
>
> 桑德勒表示，日耳曼斯基夫人告诉他，她的一个朋友在周四晚些时候曾在华尔街的股票交易所附近看到过她丈夫。

目击者还告诉她,她丈夫当时正在将一条自动收报机的纸条撕成碎片。他一边向百老汇方向走去,一边把这些碎片撒在人行道上。

这就是据我们所知亚伯拉罕·日耳曼斯基生前的最后一幕。

这里存在着一处鲜明的对比。

1929年10月的股市大崩盘让杰西·利弗莫尔成了世界上最富有的人之一,却毁掉了亚伯拉罕·日耳曼斯基的生活,并很有可能夺去了他的生命。

但是,当我们把时间快速往后推进4年,他们的人生故事再次出现了重合。

在经过1929年的大成功后,利弗莫尔变得更加自信,在股市中下的赌注越来越大。在投资上的冒进导致他债台高筑,并让他最终在股市中倾家荡产,失去了一切。

破产后的利弗莫尔感到很羞愧。1933年,他消失了两天。他的妻子也出去寻找他了。"杰西·利弗莫尔,股票交易员,家住公园大道1100号,失踪,从昨天下午3点钟起下落不明。"《纽约时报》在1933年这样写道。

之后他回来了,但他的命运已经注定。利弗莫尔最终选择结束自己的生命。

尽管事件发生的时间不同，日耳曼斯基和利弗莫尔却有一个共同的性格特征：他们有多擅长致富，就有多不擅长守富。

或许"富有"一词并不适用于你，这些案例带给我们的经验和教训却适用于每一个人，无论其收入水平如何。

致富是一回事。

而守富则是另一回事。

如果要我用一个词来概括财务方面的成功，我选择"生存"。

在第 6 章中我们会看到，曾经获得成功并上市的公司中有 40% 随着时间过去而失去了自己的全部价值。《福布斯》评选出的全美 400 富豪榜，平均每 10 年就有大约 20% 的人从榜单上消失，而原因与死亡或将财产转移给其他家庭成员无关。[17]

在资本主义世界中生存并不是件容易的事，但造成这种情况的部分原因是，致富和守富是两种完全不同的技能。

致富需要的是冒险精神、乐观心态，以及放手一搏的勇气。

但守富需要做的却与冒险完全相反。守富需要谦逊和敬畏之心，需要清楚财富来得有多快，去得就有多容易。守富需要节俭，并要承认你获得的财富中一部分源自运气，所以不要指望无限复制过去的成功。

主持人查理·罗斯（Charlie Rose）曾问红杉资本（Sequoia Capital）总裁、亿万富翁迈克尔·莫里茨（Michael Moritz），红杉资本为何如此成功。莫里茨谈到了持久性，表示一些风投公司的成功只持续了5到10年，但红杉资本的成功已经持续了40年。罗斯问他为什么会这样——

莫里茨：我想，我们一直都害怕被行业淘汰。

罗斯：真的吗？这么说是因为恐惧？是因为只有多疑的人才能活下来？

莫里茨：事实的确是这样……我们始终认为明天的情况会和昨天不一样。我们不能躺在昨天的光环之上，不能自满。我们不能简单地认为昨天的成功可以转化成明天的好运。

他在这里也强调了"生存"的概念。

不是"成长"和"智慧"，也不是"眼界"。能够长久生存下去，不被淘汰或被迫放弃，才是最重要的。生存应该成为你一切策略的基础，无论是关于投资、规划个人职业还是经营生意的。

生存至上的理念对财富为什么如此重要？原因有两个。

第一个原因显而易见：没有任何收益值得你冒失去一切的风险。

第二个原因则是第 4 章中谈到的看似不符合直觉的复利。

只有给财富年复一年的时间去增长，复利的力量才会显现。这就像种下一棵橡树：1 年的成长时间不会让橡树有太大的变化，10 年的时间会让橡树出现显著的变化，而 50 年的时间则会让它长成参天大树。

但是，如果想实现并保持这种非凡的增长，你就需要在所有不可预测的波动中生存下来，而在漫长的过程中，这样的风风雨雨是每个人都必然会经历的。

我们可以花几年时间研究巴菲特的投资秘诀：他是怎么发现有潜力的企业、廉价的股票和优秀的管理者的。想总结其中的经验是非常困难的。但有一些稍微简单却同样重要的事是我们可以做到的：总结出哪些行为是他没有做过的。

他没有让自己债务缠身。

在他经历过的 14 次经济衰退中，他始终没有惊慌失措地抛售自己的金融资产。

他没有做过让自己的商业声誉受损的事。

他不会依赖单一的策略、单一的世界观或某一种已经过时的风潮。

他不会依赖别人的资金（通过上市公司来管理投资意味着投资者是不能撤资的）。

他没有拼到精疲力竭，然后放弃或退休。

他生存了下来，而生存赋予了他的投资持久性。这种持久性——从10岁开始不间断地投资到89岁以后——是复利能创造奇迹的根本原因。这一点是分析他的成功经验时至关重要的一件事。

为了让你明白我的意思，我必须讲一讲里克·盖林（Rick Guerin）的故事。

你可能听过沃伦·巴菲特和查理·芒格（Charlie Munger）这对投资二人组，但在40年前，这个组合还有第三名成员——里克·盖林。

沃伦、查理和里克一起投资，一起面试业务经理。然而后来，里克渐渐消失了，至少是从巴菲特和芒格的成功案例中消失了。

投资人莫尼什·帕伯莱（Mohnish Pabrai）曾询问巴菲特，里克发生了什么事。莫尼什回忆道：

（沃伦说）"查理和我一直都知道，我们会变得非常富有，但我们并不急着变富。我们知道这一定会发生。里克和我们一样聪明，但他太心急了。"

在 1973—1974 年的经济衰退中,里克用保证金贷款来撬动投资。在两年的时间里,股市下跌了将近 70%,于是他被追缴保证金,不得不把自己在伯克希尔·哈撒韦[①](Berkshire Hathaway)的股票以每股不到 40 美元的价格卖给了沃伦——沃伦的原话是"我买了里克在伯克希尔的股份"。因为加了不该加的杠杆,里克被迫出售了股票。[18]

查理、沃伦和里克同样擅长致富,但沃伦和查理还拥有守富的技能。长远来看,这种技能才是财富成功的关键。

纳西姆·塔勒布[②](Nassim Taleb)这样说:"拥有优势和生存下来完全是两回事,前者需要后者。你需要不惜一切代价避免破产。"

为了将生存至上的心态应用到现实世界当中,你需要懂得三个道理。

---

① 巴菲特创立的公司,主营保险业务。
② 黎巴嫩裔美国人,知名思想家、金融业人士、风险工程学教授、哲学随笔作家,代表作有《反脆弱》《黑天鹅》。

1. 比起巨大的回报，财富的安全更重要。只要财富安全，你就知道你总能得到最大的回报，因为只要你坚持足够长的时间，复利就会创造奇迹。

没有人愿意在牛市时持有现金，人人都想拥有快速增长的金融资产。在牛市中持有现金会显得你很保守，你自己也会这样认为，因为你清楚自己因为没有投资而放弃了多少回报。假如现金的年回报率是1%，股票的年回报率是10%，这9%的差距每天都会折磨你。

但假如你因为持有现金而规避了熊市到来时不得不卖掉手中股票的风险，那么你通过持有现金而赚到的真实回报就不是1%了——可能是1%的很多倍，因为逃过在错误的时候走投无路地抛售股票这一劫后，你终生投资事业受到的积极影响可能会超过许多次巨额回报的总和。

复利并不依赖巨额回报。只要回报长期持续而不间断——尤其是在混乱和危机到来的时刻——那么这种投资终会带来累累硕果。

2. 规划很重要，但每项规划中最重要的部分是对意外做好预案。

那句话是怎么说的？"人类一思考，上帝就发笑。"财务和投资规划至关重要，因为它们能让你明确你当前的行动是否在合理范围之内，但几乎没有什么规划能在第一次被投入现实世界时就获得成功。如果你打算对自己未来 20 年的收入、储蓄率[①]和投资回报做出规划，想一想过去 20 年中发生的那些没有人预料到的事："9·11"事件，让近 1,000 万美国人失去住房的房地产泡沫，使 900 万美国人失去工作的金融危机和随后出现的破纪录的股市反弹，以及一种在我写这些文字时正席卷全球的新型冠状病毒。

只有能经受住现实考验的规划才是有意义的，而充满各种未知因素的未来是每个人需要面对的现实。

一项好的规划不会否认意外的大量存在；相反，它会充分接受这些意外，并为错误留出足够大的空间。你的财务规划要求的具体前提条件越多，你的财务状况就越脆弱。如果在储蓄率方面你留出了足够大的容错空间，能说"如果在接下来的 30 年里，市场回报率能达到 8%，那的确很棒，但如果回报率只有 4%，我也可以接受"，你的规划就很有价值。

很多规划之所以没能实现，并不是因为赌错了方向。它们大部分时候都是没问题的，只不过这种"没问题"建立在许多因素都不能出错的基础上。容错空间——通常也被称为"安全边际"（Margin of Safety）——是金融投资领域里最受低估的一种力量。

[①] 个人可支配收入总额中储蓄额所占百分比。

它有很多种形式：节约的预算、有弹性的思维、宽松的时间安排——所有能让你快乐地接受不同结果的东西。

安全边际不代表保守。保守是为了避免某种程度的风险，而安全边际是通过提高生存的概率来增加成功的可能。它的神奇之处在于，你的安全边际越大，你为获得满意结果而需要做出的努力就越小。

3. 在对未来保持乐观的同时时刻提防阻碍你走向美好未来的因素的均衡心态至关重要。

乐观主义通常被定义为对事情进展顺利的信念，但这种定义并不全面。理性的乐观主义指的是相信情况对自己有利，而且随着时间过去，事情最终会有好结果，哪怕过程是曲折的。事实上，你明白苦难必然存在。你可以乐观地认为，增长的轨迹长期看是向上和向右的，但你同时也明白，在前进的道路上，意外不时会出现，而且总会出现。这两种状态是可以共存的。

"从长远看结果是积极的，但从短期看过程可能很糟糕"这一点乍看之下不符合直觉，但生活中很多事确实是这样的。每个人在长到20岁时，大脑内突触的数量都会缩减到2岁时的一半，因为低效和冗余的神经元连接被清除了，但很明显，20岁青年比

2岁幼儿聪明得多。破坏是前进道路上经常发生的过程，但它也是去芜存菁的有效方式。

假如你是一名家长，有一双透视眼，能看到孩子大脑内部的情况。每天早上，你都会发现孩子大脑中的神经突触又变少了一些。你会恐慌起来，会说："这不对劲，突触变得越来越少了。一定是哪里出了问题，我们必须做点儿什么，我们需要去看医生！"但幸好你没有透视眼。你看到的不过是孩子一步步正常成长的过程。

经济、市场和个人职业生涯通常也会遵循一条相似的路径——在不断的损失中持续增长的过程。

图 5.1 是美国经济在过去 170 年中的表现。

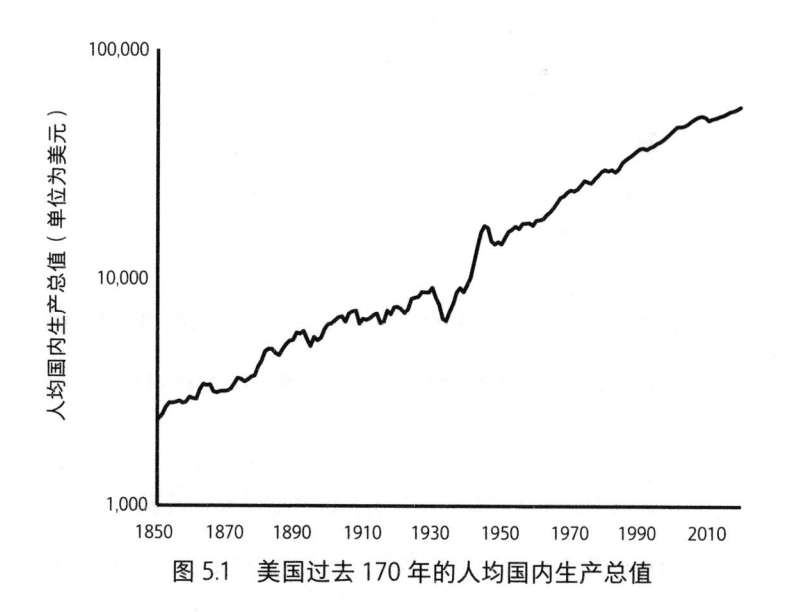

图 5.1　美国过去 170 年的人均国内生产总值

但是你知道在这些年间美国都发生了什么吗?让我想想该从哪里说起。

9次主要战争中的死亡人数总计130万。

新创立的全部企业中约有99.9%最终破产。

4名总统被暗杀。

67.5万人死于短短一年中的一次流感疫情。

互不相关的自然灾害发生了30次,每一次都造成了至少400人死亡。

33次经济衰退累计持续了48年。

没有任何人成功预测到这些经济衰退中的任何一次。

股市跌幅超过10%的情况至少发生了102次。

股市的市值蒸发三分之一的情况至少发生了12次。

年通货膨胀率超过7%的独立年份有20个。

根据谷歌搜索结果,"经济悲观情绪"一词在报纸上至少出现了2.9万次。

在这170年中,美国人的生活水平提高了20倍,但没有哪一天不会让生活在其中的人们感到悲观。每一天都有陷入悲观的理由。

在乐观的同时对风吹草动保持警觉的心态是很难做到的,因为非黑即白地看待事物比接受其多面性要容易得多,但是,你需要用短期的警觉来让自己生存下来，这样才能看到长期的乐观结果。

杰西·利弗莫尔付出了最惨痛的代价，才终于明白这个道理。

他把经济的繁荣简单地等同于经济衰退时期一去而不复返了。一夜暴富让他以为保持富有是理所当然的，而自己是战无不胜的。在几乎失去了一切后，他反思道：

> 有时我会觉得，对一个投资者来说，为了避免心态膨胀，付出再大的代价都是值得的。许多聪明人的失败归根到底都是太过自负造成的。

"这是一种随处可见的疾病，"他说，"不管在哪里，每个人都有。"

接下来，我们来看看逆境中增长的另一种方式。它可能会让你感到费解。

第 6 章

尾部的胜利

你即使有一半的时间都在犯错,到最后依然能赢。

我拍了30年电影，从中发现了一个简单的道理：有些作品会成功，有些不会。没必要去深究哪些会，继续拍下去就行。

——美国演员布拉德·皮特（Brad Pitt）接受演员工会奖时的感言

1936年，海因茨·贝格鲁恩（Heinz Berggruen）逃离了纳粹德国，定居于美国，然后在加州大学伯克利分校学习文学。

根据大多数人的描述，他在年轻时并没有表现出什么过人之处，但到20世纪90年代为止，无论从哪个标准衡量，贝格鲁恩都是有史以来最成功的艺术品交易商之一。

2000年，贝格鲁恩将他收藏的毕加索[①]、布拉克[②]、克利[③]和马蒂斯[④]的众多作品中的一部分以1亿多欧元的价格卖给了德国政府。这笔交易因为过于划算，实际上被德国政府看作一笔捐赠——这些藏品的私人市场价超过了10亿美元。

一个人能收集数量如此庞大的杰作，实在令人感到震撼。艺术是一个标准非常主观的领域。为什么有人能早早预见到未来什么样的作品会炙手可热？

你可以说，他靠的是眼光。

你也可以说，他靠的是运气。

一家投资公司地平线研究集团（Horizon Research）对此提供了第三种解释，而这种解释对广大投资者也有重要的启示。

"伟大的投资者会买入大量的艺术品。"这家公司在报告中写道，[19]"这些藏品中的一小部分最终会成为价值连城的作品。当投资者持有这些藏品的时间足够长，这系列投资组合的整体收益就会趋近其中表现最好的部分的收益。发生的一切就是这么简单。"

伟大的艺术品交易商就像运作指数基金一样，会买入所有

[①] 巴勃罗·毕加索（Pablo Picasso），西班牙画家、雕塑家，西方现代派绘画的主要代表。
[②] 乔治·布拉克（Georges Braque），法国立体主义画家与雕塑家。
[③] 保罗·克利（Paul Klee），瑞士出生的德国画家，画风多变。
[④] 亨利·马蒂斯（Henri Matisse），法国著名画家、雕塑家、版画家，野兽派创始人和代表人物。

能买的艺术品，而且是以投资组合的形式购买，不是只在遇到喜爱的单品时购入。然后，他们只需要静静等待其中的优质标的脱颖而出就够了。

这就是贝格鲁恩成功的秘密。

也许像贝格鲁恩这样的人一生收藏的作品中有 99% 最后都没有升值，但只要剩下的 1% 是毕加索这种大师的作品，那么其他一切都无关紧要了。贝格鲁恩可能在大部分时间里都没有赌对，但最终仍然能得到令人惊讶的好结果。

在商业和投资领域，许多事情都是如此。尾事件（tail event）在这些领域中有着巨大的影响。这些低发生率、高影响力的少数事件成了决定结果的主要因素。

即便你明白其中的数学原理，这一点或许仍然难以理解。一个投资者在一半的时间里都看走了眼，最后却仍然能致富，这个事实是不符合直觉的。它也意味着我们低估了许多事物失败的频率，所以当失败发生时，我们就会反应过度。

《汽船威利》（*Steamboat Willie*）打响了华特·迪士尼（Walt Disney）在动画界的名号。不过，迪士尼的商业成功就是另一回事了。迪士尼建立的第一个工作室以破产告终。他的电影制作成

本高得惊人，投资条件又很离谱。到了20世纪30年代中期，迪士尼已经创作了400多部动画片。其中大多数都是短动画片，很多都深受观众的喜欢，但是赚到钱的却没有几部。

《白雪公主和七个小矮人》(*Snow White and the Seven Dwarfs*)改变了一切。

1938年的前6个月，这部动画片为迪士尼赚到了800万美元，远远高出了公司以往的任何盈利。这使得华特·迪士尼工作室开始脱胎换骨。公司还清了所有债务，还给核心员工发放了留任奖金。公司在洛杉矶周边的伯班克购置了一间全新的、最先进的摄影棚，如今公司总部依然在那里。获得奥斯卡金像奖后，迪士尼从著名变成了家喻户晓。到1938年，他已经制作了时长累计达几百小时的电影。但从商业角度看，时长83分钟的《白雪公主和七个小矮人》是他后来成功的全部关键。

任何规模巨大、利润丰厚、声名远播或影响力深远的事物都源自某个尾事件——从几千甚至几百万个事件中脱颖而出的一个。我们的大部分注意力都集中在这些事物，即尾事件的结果上。而当我们关注的焦点只有尾事件的结果时，我们就很容易低估尾事件本身的稀缺和强大。

有些产业很明显是由尾事件驱动的，比如风险投资。如果一家风投公司投资了50个项目，他们可能会预期其中一半项目以失败告终，有 10 个项目表现较好，而只有一两个会非常成功，带来 100% 的资金回报。一家公司关联风投（Correlation Ventures）曾经研究过相关数据，[20] 发现在 2004 年到 2014 年的超过 2.1 万起创业融资中：

65% 是亏损的；

2.5% 获得了 10～20 倍的回报；

1% 获得了超过 20 倍的回报；

0.5%——大约是这 2.1 万家企业中的 100 家——获得了超过 50 倍的回报。这样小的部分，却是风险投资行业收入的主要来源。

你或许会觉得，这就是为什么风险投资被称为"风险投资"。每个风险投资从业者都深知这一点。绝大多数创业公司都失败了。这个世界只垂青其中的一小部分，让它们获得了巨大的成功。

如果想得到更安全、更可预测和更稳定的投资回报，你需要把资金投入那些大型上市公司。

或许你会这样想。

但是记住，尾部才是驱动一切的关键。

长远来看，投资大型上市公司和进行风险投资两类成功结果的分布其实没有太大差异。

大多数上市公司的表现都很平庸，只有少数发展得比较好，而更少的一些成了巨大的赢家，也正是最后这些公司成了股市上的主要回报来源。

摩根大通金融资产管理公司（J. P. Morgan Asset Management）曾经发布过自 1980 年来被选入罗素 3000 指数（Russell 3000 Index）的优质公司的收益分布。[21] 罗素 3000 指数是一个涵盖了各行各业上市公司的巨大集合。

在罗素 3000 指数的所有成分股中，有 40% 跌去了至少 70% 的价值，而且在统计时间内再也没能恢复。

实际上，该指数的所有回报都来自其中 7% 的企业。它们的业绩表现超过平均值至少 2 个标准差。

这就是你在进行风险投资时应该做好心理准备得到的结果。但在一个乏味而多元化的指数中，同样会出现这样的结果。

绝大多数上市公司会遭受打击的现象存在于所有行业（见图 6.1）。在科技和电信类的全部上市公司中，有超过一半失去了其大部分市值，并再也没能恢复。即使在公共事业类的企业中，失败率也超过了十分之一。

有趣的是，一家公司必须获得一定程度的成功才能上市，然后才能成为罗素 3000 指数的一员。它们都是成熟的企业，并非不可靠的创业公司。即便如此，绝大多数企业存在的时间也只有几年，而无法传承几代。

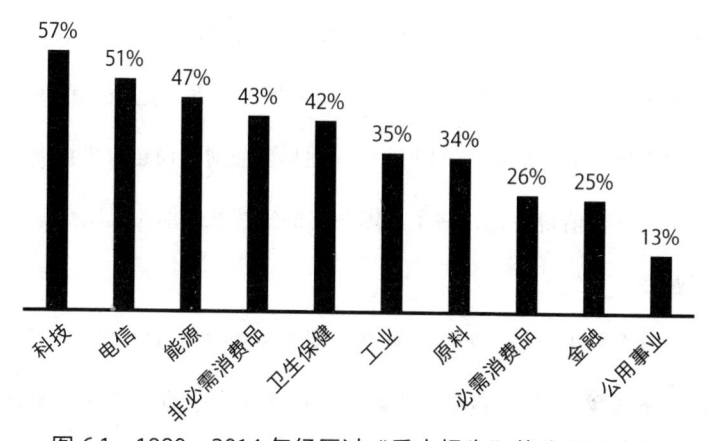

```
57%  51%  47%  43%  42%  35%  34%  26%  25%  13%
科技  电信  能源  非必需消费品  卫生保健  工业  原料  必需消费品  金融  公用事业
```

图 6.1　1980—2014 年经历过"重大损失"的公司百分比

比如其中一家公司——卡洛克电影公司（Carolco），曾经的罗素 3000 指数成员之一。

在 20 世纪 80 至 90 年代，该公司制作了风靡一时的几部大片：包括《第一滴血》(First Blood) 系列的前三部、《终结者 2》(Terminator 2)、《本能》(Basic Instinct) 和《全面回忆》(Total Recall)。

卡洛克于 1987 年上市。在推出了一部又一部热门作品后，公司一时风光无两。1991 年，公司的收入达到了 5 亿美元，市值则达到了 4 亿美元——这在当时是一个很大的数目，尤其是对一家电影公司而言。

接下来，它却坠入了失败的深渊。

卡洛克制作的影片不再卖座，几个大预算的项目也以失败告终。到 20 世纪 90 年代中期，卡洛克电影公司已经成为历史。公司于 1996 年破产，市值归零，一切都烟消云散。这是一种灾难性的失败，也正是 40% 的上市公司迟早要面对的命运。卡洛克的故事之所以值得讲述，并不是因为它的独特性，而正是因为它的普遍性。

这个故事中最重要的一点是：罗素 3000 指数自 1980 年以来已经增长了 73 倍。这是让人瞠目的回报率，也意味着它在整体上是成功的。

罗素 3000 指数中 40% 的公司实际上都以失败告终，但其中表现优异的 7% 已经足以抵消其他公司的失败，就像海因茨·贝格鲁恩的艺术品收藏一样。不同的是，毕加索和马蒂斯在这里变成了微软和沃尔玛。

事实上，不仅少数公司贡献了股市回报中的大头，而且在这些公司内部发生的尾事件更多。

2018 年，亚马逊带给标普 500 指数的回报占据了后者总量的 6%，而亚马逊的增长几乎要全部归功于 Prime 会员和亚马逊网络服务（Amazon Web Services）。对一家尝试经营过从智能手机 Fire Phone 到旅行业务的上百种产品的公司来说，这本身就是一种尾事件。

2018 年，苹果公司为标普 500 指数贡献了 7% 的回报，而苹果的业绩主要靠 iPhone 驱动。在新产品层出不穷的科技市场中，这同样是一个再典型不过的尾事件。

那么是谁在这些公司工作呢？谷歌的招聘录用率为 0.2%，[22] 脸书为 0.1%，[23] 苹果大约为 2%。[24] 因此可以说，这些做着尾部项目、为公司创造了尾部回报的人本身就在从事一份尾部工作。

"少数几件事影响主要结果"的道理不仅适用于你投资组合中的公司，也适用于你作为投资者的个人行为，是其重要影响因素。

拿破仑对军事天才的定义是"当身边所有人都进入非理性状态时还能继续正常行事的人"。

投资也是如此。

绝大多数的投资建议都是关于"当下"的。此时此刻你该怎么做？现阶段哪些股票适合买入？

但在大多数情况下，"当下"其实并没有那么重要。作为投资者，你今天、明天或下周做的决定远不如你一生中个别几天做的决定重要。这几天可能只占据了你一生中 1% 甚至更少的时间，而这些时候，你周围的人可能都处在非理性状态下。

想一想，如果你从 1900 年开始每个月存 1 美元，到 2019 年会发生什么？

你可以按月把这 1 美元投入股市，无论股市表现如何。哪怕经济学家们叫嚣着经济要衰退或者新一轮的熊市要来临,你依然坚持投资。我们假设这个"你"名叫苏。

但或许在经济衰退时投资是一件很可怕的事。那么你就在非经济衰退时期每月投资 1 美元,而到经济衰退时期则把所有股票都卖出,把每个月需要投资的钱以现金的方式存下来,等衰退过去后再把这些钱投入股市。我们假设这个"你"名叫吉姆。

又或者经济衰退需要几个月的时间才能把你吓退,然后你又需要一段时间才能重拾信心,返回市场。那么你在经济尚未衰退的时候每月投资 1 美元,在经济衰退开始 6 个月后把股票全部卖出,等经济衰退结束 6 个月后又回到股市里。我们假设这个"你"名叫汤姆。

从 1900 年到 2019 年,这三位投资者最后各会得到多少钱?

苏最终得到了 435,551 美元。

吉姆得到了 257,386 美元。

汤姆得到了 234,476 美元。

苏的收益遥遥领先。

从 1900 年到 2019 年共有 1,428 个月,其中只有 300 多个月处于经济衰退期,因此在这 22% 的经济衰退或接近衰退的时间里,苏始终保持冷静,最终比吉姆或汤姆多赚了差不多四分之三的钱。

举一个时间更近的例子：你在 2008 年末到 2009 年初这几个月里的投资表现，可能比你从 2000 年到 2008 年的全部投资行为对你收益的影响都大。

一个经典的段子这样描述飞行员的工作："一小时接一小时的无聊中穿插着瞬间的极度恐惧。"投资也是如此。作为一个投资者，你成功的决定因素是你如何应对偶尔出现的瞬间恐惧，而不是你如何度过年复一年的无聊巡航。

因此，一个投资天才也应该是一个当身边所有人都进入非理性状态时还能继续正常行事的人。

尾事件驱动一切。

当你认可"在商业、投资和金融领域，是尾事件驱动一切"这个事实后，你就会明白，很多事会出错、瓦解、失败或消亡其实是很正常的。

如果你在选择股票时有出色的判断力，可能你一半的选择都是正确的。

如果你是一个优秀的企业领导，可能你关于产品和战略的一半想法都有利于企业的发展。

如果你是一个优秀的投资者，可能你大多数时候的投资收益还算可以，但很多时候会很糟糕。

如果你是一个优秀的雇员，在经过三番五次的尝试和试验后，你终究会在适合自己的领域找到适合自己的公司。

上述一切的前提是你很优秀。

彼得·林奇（Peter Lynch）是当今最成功的投资者之一。"如果你在这个行业表现非常出色，那么你的想法在10次里也不过只有6次是对的。"他曾经这样说。

在某些领域你需要每一次都做到完美，比如做飞行员。在另一些领域你需要在大多数时候做得很棒，比如在餐馆里做厨师。

但在投资、商业和理财领域，情况完全不同。

我从投资者和企业家身上学到的一点是，没有人能每次都做出正确的决定。商界最惹人注目的人物往往会想出非常多糟糕的点子，还总会去将其付诸实践。

以亚马逊为例。从直觉角度出发，你不会认为一家大公司发布一款失败的产品是很正常且完全可以接受的。你会凭直觉认为在这种情况下，这家公司的CEO应该向股东们道歉。但在亚马逊推出 Fire Phone 这款灾难性的产品后不久，公司的首席执行官杰夫·贝索斯表示：

如果你认为这是一次很大的失败，那么我们现在可正在着手准备更大的失败。我不是在开玩笑。有几个项目可能会让 Fire Phone 的失败显得不值一提。

在 Fire Phone 项目上亏损很多钱对亚马逊来说不是多大的问题,因为这笔亏损可以被亚马逊网络服务等其他业务赚来的上百亿利润抵销。尾部业务简直成了护身符。

网飞公司(Netflix)的首席执行官里德·黑斯廷斯(Reed Hastings)曾宣布,公司将砍掉几部预算很大的剧集。对此他是这样说的:

> 我们现在的成功率太高了。我一直都在督促内容创作团队,说我们需要冒更大的险,必须尝试更疯狂的事,因为被砍掉项目的比例应该更高的。

这些话并非妄想,也不是不负责任的表现,而是对"尾事件主导成功"这个道理的明智认知。每次有亚马逊 Prime 或剧集《女子监狱》(Orange is the New Black)这样的新产品出现,你都可以肯定,其中必然会有一些成为失败品。

至于为什么这件事是违背直觉的,部分原因是,在大多数领域内,我们只会关注最终的产品,而看不到在尾部成功产品的诞生过程中产生的损失。

我们在电视上看到的那个喜剧演员克里斯·洛克（Chris Rock）是非常好笑的。他的表演没有瑕疵。但是每年，他都会在几十家小俱乐部里表演。他在这里的表现只能算一般般，但这个洛克是我们看不到的。没有哪个喜剧天才能聪明到可以预料哪些包袱会讨观众喜欢。每位著名喜剧演员在登上大型舞台前都会在小剧场里对节目内容进行试水。曾经有人问洛克，他是否怀念小剧场里的日子。他回答说：

巡演开始的地点其实并不像你想象的那样，是大剧场。在上次巡演开始之前，我其实已经在新不伦瑞克的一个叫"压力工厂"的地方演出过了。我为了巡演，已经进行过40到50场预演了。

有一家报纸报道过洛克在这些小剧场中的演出，描述了他如何翻看笔记，有些笨拙地对素材进行斟酌。"我需要删掉一些段子。"他在中途休息时说。我们在网飞上看到的那些段子就是在无数次尝试后才脱颖而出的尾部产品。

投资也是如此。我们很容易知道沃伦·巴菲特的金融净资产有多少，或者他的年回报率有多少，甚至是他最优秀、最著名的投资项目有哪些。它们就摆在明面上,人们讨论的时候也只会讨论它们。

对他职业生涯中的每一笔投资进行统计是件很困难的事。没有人会去讨论那些看走眼的选择、失败的业务和糟糕的收购,但它们也是巴菲特投资故事的一部分,只不过是"尾事件主导成功"的另一面罢了。

在伯克希尔·哈撒韦公司2013年的股东大会上,沃伦·巴菲特表示,自己一生中持有过400～500只股票,而收益中的大部分来自其中的10只。查理·芒格接着说:"如果去掉几笔顶级投资,公司的长期业绩表现其实相当普通。"

当我们特别关注某些榜样的成功时,我们就会忽视这样一个事实:他们的成功来自他们全部行为中的一小部分。这种忽视会让我们觉得我们自己的失败、亏损和挫折是因为我们做错了什么。或许我们真的做错了。或许我们没有做错,我们的错误率和投资高手们的其实没什么差异,只不过当他们选择正确的时候,他们能抓住机会,表现得比我们更好。但他们犯的错误并不会比你我这些普通人少。

"重要的不是你对了还是错了,""金融大鳄"乔治·索罗斯(George Soros)曾说,"而是当你对的时候,你能赚到多少,或者当你错的时候,你会损失多少。"你即使有一半的时间都在犯错，到最后依然能赢。

在我们生活的银河系中有 1,000 亿颗行星，而据我们所知，只有一个星球上存在智慧生命。

不难想象，此时此刻阅读这本书的你也是这个尾事件的结果。

这是一件值得高兴的事。接下来，我们来看看金钱能如何让你更高兴。

第 7 章

自 由

时间自由是财富能带给你的最大红利。

富有的最高级形式是，每天早上起床后你都可以说："今天我能做我想做的任何事。"

人们都想变得更富有，希望财富能带来更多幸福。幸福是一个复杂的话题，因为每个人的幸福观都不同，但如果幸福的分数有一个公分母——一种普遍的快乐源泉——那就是对生活的全面掌控。

在自己喜欢的任何时候和自己喜欢的对象做想做的事，而且想做多久就做多久，这样的自由是极其珍贵的，而这就是金钱能带给我们的最大红利。

安格斯·坎贝尔（Angus Campbell）生于1910年，是密歇根大学的心理学家。在他进行研究的那个年代，心理学的绝大多

数关注点落在那些影响人们行使正常功能的心理障碍上，比如抑郁、焦虑和精神分裂症。

坎贝尔想知道的却是什么会带给人幸福。他在1981年出版的图书《美国人的幸福感》(The Sense of Well-being in America)中开篇便指出，人们普遍比很多心理学家认为的要快乐得多，但一些人的幸福感显然高于其他人。我们不能按收入、地区或受教育程度简单地判断谁比谁更快乐，因为每个类别中都有很多人长期感到不快乐。

幸福最强大的公分母很简单。坎贝尔总结道：

> 与我们考虑过的任何客观生活条件相比，对自己的生活拥有强烈的掌控感是预测幸福这种积极感受的一项更可靠的指标。

不是工资多少，不是房子大小，也不是工作好坏，而是对自己想做什么、什么时候做、和谁一起做拥有掌控能力。这是生活中决定幸福感的通用变量。

金钱最大的内在价值是它能赋予你掌控自己时间的能力——这句话没有任何夸张的成分。你之所以能从财富积累过程中逐步获得一定程度的独立和自主，是因为你积累的财富能让你对可以做什么以及什么时候去做有更强的控制力。

拥有一小笔财富意味着生病时就算请几天假也不至于入不敷出。对没有这种能力的人来说，拥有这种能力会给生活带来巨大的进步。

拥有更多财富则意味着在失业后可以从容地等待更好的职业机会，而不必急于抓住遇到的第一根救命稻草。这种能力可以改变一个人的生活。

拥有6个月的应急存款意味着在面对老板时不至于如履薄冰，因为你知道即使需要时间另谋出路，你的生活也不会陷入窘境。

拥有更多财富则意味着可以选择一份待遇不高但时间灵活的，或是通勤时间比较短的工作。这也意味着在遇到突发疾病时不会出现对付不起高额医疗账单的多余担心。

除此之外，你还可以自由选择退休的时间，而不必一把年纪了还在为生计奔波。

财富能提供你更多的时间和选项。它赋予你生活的好处，没有什么奢侈品比得上。

我在整个大学期间心心念念地想去投资银行工作。原因只有一个：这份工作能赚很多钱。这是我唯一的动力，我也100%相信只要我做了这份工作，我一定会更快乐。大三时，我在洛杉矶的一家投资银行获得了一个暑期实习的机会。我当时觉得自己拿到了职业生涯的入场券，而这就是我梦寐以求的全部了。

在上班的第一天，我就明白了为什么投资银行家们会赚到那么多钱：他们工作的时长和辛苦程度超过了人类能承受的限度。事实上，大多数人都受不了这样的工作。在半夜前回家都是一种奢侈的事。这一行流传着这样一种说法："如果你周六不来上班，周日就不用来了。"这份工作考验智慧，报酬丰厚，能让你体现自己的价值，但你在醒着的每一秒都要为老板提出的各种要求疲于奔命。于是，这份工作成了我人生中最悲惨的经历之一。实习期有 4 个月，而我只坚持了 1 个月。

最令我介怀的一点是，我喜欢这份工作，也想努力做好它，但是做一份自己喜欢却无法掌控时间的事和做自己讨厌的事没什么区别。

这种感觉在心理学中有一个专门的名称——抗拒（reactance）。宾夕法尼亚大学的营销学教授乔纳·伯杰（Jonah Berger）总结道：

> 人们喜欢一切尽在自己掌握的感觉，就好像坐在生活的驾驶席上。当他们被要求做一些事时，他们会觉得自己没有话语权，没有选择权，选择是别人替他们做出的。所以，他们会拒绝做这件事或故意去做其他事，即使他们本来可能很乐意做这件事。[25]

如果你认可这句话，你就会意识到，能让你随心所欲地在任何时间、任何地点，与任何人一起做任何你想做的事，而且想做多久做多久的理财方式，才是财富最令人惊叹的回报。

德雷克·西弗斯（Derek Sivers）是一名成功的企业家。他曾写到一位朋友让他讲讲他是如何致富的：

> 我在曼哈顿市中心有一份工作，年收入是 2 万美元——这大概是最低工资水平了……我从不在饭馆吃饭，也从不打车。我每月的生活开支大约是 1,000 美元，而我的月薪是 1,800 美元。我工作了两年，存了 1.2 万美元。当时我 22 岁。
>
> 有了这 1.2 万，我就可以辞掉工作，做一名全职音乐家了。我知道每个月我都可以接到一些演出邀约来支付生活费。这样一来，我就自由了。一个月后我辞掉了工作，之后再也没有给别人打过工。
>
> 在我给朋友讲完故事后，他让我继续讲下去。我说没了，这就是全部故事了。他说："那你卖掉公司的事呢？"
>
> 我说，不，那件事没对我的生活造成太大影响，只意味着我的银行存款增加了而已。我生活中真正的影响是在 22 岁时发生的。[26]

美国是世界历史上最富有的国家，但是几乎没什么证据可以证明美国人现在比 20 世纪 50 年代时更幸福，而那时美国人的财富和收入比现在要低得多——即使是以去掉通货膨胀因素后的中位数水平来考量。根据盖洛普（Gallup）民意测验中心在 2019 年对 140 个国家的 15 万人进行的调查，大约有 45% 的美国人表示他们前一天有过"非常忧虑"的情绪，[27] 而全球平均水平是 39%。55% 的美国人表示他们前一天有过"压力巨大"的感受，而在世界其他地区，这样的回答只占全体的 35%。

这种情况的部分原因是，美国人把很多钱花在买更大、更好的商品上，与此同时也就放弃了对自己时间的更多控制。就算在理想情况下，前者的好处也会被后者的害处抵消。

1955 年，美国家庭收入的中位数是 2.9 万美元（经通货膨胀调整后），[28] 到 2019 年，这个数值变成了 6.2 万美元。拥有这些财富的美国人所过的生活是 20 世纪 50 年代的美国人无法想象的，即使是对当时中等收入的家庭来说。美国中等收入家庭的房屋面积中位数从 1950 年的 91 平方米涨到了 2018 年的 226 平方米。美国如今的新建住房中卫生间的数量都比居住人数多。美国人的汽车更快、更节能了，电视也更便宜、画质更好了。

但从另一个方面看，在这个时代发生的事看上去并不像进步。这和现在许多美国人从事的工作有很大关系。

约翰·D. 洛克菲勒是有史以来最成功的商人之一。他还是个隐士，大部分时间都在独处。他沉默寡言，尽量减少交际，就算你引起了他的注意，他也只会保持沉默。

成为洛克菲勒心腹的一名炼油工人曾说："他让每个人都发言，而他自己却靠在椅背上，不说话。"

当有人问起他为什么在会议中保持沉默时，洛克菲勒经常会引用一首诗来回答：

一只智慧的老猫头鹰住在橡树上，
它看得越多，说得就越少，
它说得越少，听得就越多，
为什么我们不能像这只智慧的老猫头鹰一样呢？

洛克菲勒是个脾气古怪的家伙，但他的回答却适用于今天数以千万计的上班族。

洛克菲勒的工作内容不是钻井、装载火车或者搬运石油，而是在思考后做出正确的决定。洛克菲勒的产品——他需要交付的东西——并不是他用双手做的，甚至也不是他用嘴说的，而是他在脑中思考出来的，而那才是他花费大部分时间和精力的地方。

尽管在很多人看来，他每天大多时候只是静静地坐着，看起来无所事事，但实际上他一直在脑中工作，在思考问题。

这种情况在他那个时代是很少见的。在洛克菲勒生活的美国，几乎所有工作都需要用双手去做。据经济学家罗伯特·戈登（Robert Gordon）统计，1870年，美国46%的工作是农业相关的，35%是手工业或制造业相关的。很少有哪个职业需要依靠工作者的大脑。你不用思考，只需要不断地用手干活。你的工作是看得见、摸得着的。

今天，一切大不一样了。

如今，有38%的工作由"经理""高级职员"和"专业人士"来完成，都是决策类工作；另有41%是服务类工作，既需要动手，也常常需要动脑筋。

我们当中越来越多人的工作类型趋近洛克菲勒当初的工作类型，而不像20世纪50年代制造业工人们的工作类型。这意味着我们每天离开工位、打卡下班后，工作却并未结束。我们还在脑海中持续地劳动，就好像工作永远不会结束一样。

如果你的工作是制造汽车，在离开装配线后，几乎没有什么是你可以做的了。一旦你放下工作，把工具留在工厂里，你的工作就完全停止了。但如果你的工作是营销策划——一个基于脑力劳动和决策的工作——你的工具就是你的大脑，而这个工具永远不会离开你。这样一来,在通勤的路上,在做晚餐时,在哄孩子睡觉时,在凌晨3点因为压力醒来时,你或许都在想着你的项目。你虽然正常上下班,但感觉好像每时每刻都在工作。

《大西洋月刊》(The Atlantic)的撰稿人德雷克·汤普森(Derek Thompson)曾这样描述:

> 如果21世纪的操作设备是一个便携式装置,那么这就意味着现代工厂压根不是一个作为实体的场所,而是一天的时间本身。计算机时代把办公工具从办公室中解放了出来。大多数脑力工作者的笔记本电脑和智能手机是便携式的全能媒体制造机器。从理论上讲,无论是下午2点在办公室,凌晨2点在东京的WeWork[①]写字楼,还是午夜坐在沙发上,你都能以同样的效率工作。[29]

这就意味着,与前几代人相比,我们对时间的控制力降低了。正因为控制时间是影响幸福感的关键因素,所以我们无须对尽管现在的我们更富有了,但我们没有感到更快乐这一事实感到惊讶。

那么我们该怎么做呢?

这个问题并不好解决,因为每个人的情况不同。解决的第一

[①] 总部位于美国纽约的共享办公企业,提供共享办公空间。

步是，我们需要明确什么会让每个人都快乐，什么不会。

在《有关生活的 30 条经验》（*30 Lessons for Living*）中，老年学家卡尔·皮尔默（Karl Pillemer）采访了 1,000 名美国老年人，以总结他们从几十年的生活中得到的最重要的教训。他写道：

> 没有人——1,000 个人中没有 1 个——表示如果你想变得快乐，你就该拼命地工作赚钱，然后买自己想要的东西。
>
> 没有人——没有 1 个——表示你至少要和周围的人一样富有，或者要比周围的人更富有才算真正成功。
>
> 没有人——没有 1 个——表示你应该根据你期望获得的收入水平来选择你的工作。

这些受采访的老人看重的是获得真诚的友谊，参与比个体的存在更伟大的事业，把大量闲暇好时光花在跟子女相处上。"比起你的钱（或者你的钱能买到的东西），你的孩子们更想要的是和你在一起的体验。"皮尔默写道。

那些历经世事沧桑的人能给你的忠告是：时间自由是财富能带给你的最大红利。

现在，让我们用短短的一章来介绍财富能带给你的一种最微不足道的红利。

第 8 章

豪车悖论

其实别人不会像你那样在意你有多少财产。

泊车员这份工作最棒的一点就是可以驾驶顶级豪车，毕竟客人们都是开着法拉利、兰博基尼、劳斯莱斯来的——如同贵族的舰队。

我曾经的梦想就是拥有一辆这样的车，因为（那时我认为）开豪车会让别人觉得你是个成功人士：聪明，富有，有品位，是一个举足轻重的人物。看看我多厉害啊。

讽刺的是，我几乎从来没有注意到是谁坐在这些豪车的驾驶座上。

当你看见有人开着一辆漂亮的车子时，你很少会想"哇，开那辆车的家伙真酷"，相反，你只会想"哇，如果那辆车是我的，别人一定会觉得我很酷"。无论这种念头是有意识的还是只存在于潜意识中，人们在这种情况下的态度就是如此。

所以，这里存在一个悖论：我们都想通过财富来告诉其他人，自己应该受到他们的爱慕与敬仰。但事实上，其他人常常会跳过敬仰你这一步。这并不是因为他们觉得你的财富不值得羡慕，而是因为他们会把你的财富当作标尺，转而表达自己渴望被爱慕与敬仰的愿望。

在我儿子出生以后，我给他写了一封信。信中写道："你或许觉得你需要一辆昂贵的车子、一块豪华的手表和一座很大的房子，但我想告诉你的是，你并非真想得到这些东西本身。你真想得到的是来自他人的尊重和羡慕。你觉得拥有昂贵的东西会让别人尊重和羡慕你，但可惜，别人不会——尤其是那些你希望得到其尊重和羡慕的人。"

在做泊车员时，我在对那些开着法拉利到酒店、享受我艳羡目光的人们的思考中明白了这个道理。在他们所到之处，人们都会这样盯着他们。我相信他们一定很喜欢这种感觉。我敢肯定他们觉得自己获得了别人的仰慕。

他们可曾知道，我其实并不关心他们本人，甚至根本没注意到他们？他们可曾知道，我注意到的只是他们的车，心里想的只有我自己坐在驾驶座上的样子？

他们在买法拉利的时候是否盘算着获得别人的仰慕，而没有意识到我——以及其他很多人——会为他们的豪车着迷，却一秒也不会考虑到坐在驾驶座上的人——他们本身？

同样的道理是否也适用于那些住在豪宅里的人？答案几乎是肯定的。

那些佩戴昂贵珠宝、穿着华丽服饰的人呢？答案同样如此。

在此，我的重点不是让你放弃追求财富或豪车的梦想。这二者依然是我喜欢的。

但我们需要知道，虽然人们的确都渴望得到他人的尊重和羡慕，但通过用金钱购买昂贵之物获得的尊重和羡慕可能远比你想象中少。如果获得尊重和羡慕是你的目标，那么一定要注意选择正确的方法。比起豪车，谦虚、善良和同情心等人格特质才能帮你获得更多尊重。

关于法拉利的问题我还没讲完。下一章我会讲讲与"豪车悖论"相关的另一个问题。

第 9 章

财富是你看不见的那些

炫富是让财富流失的最快途径。

关于金钱，存在很多具有讽刺性的事实。其中一个重要的是：财富是你看不见的那些东西。

我是在2005年左右在洛杉矶做泊车员的。那个时候，人们对财富外在表现的关注胜过了一切。

如果你看到有人开着一辆法拉利，你可能会下意识地认为车主一定很有钱——尽管你几乎注意不到他们本人。但当我渐渐熟悉其中一些车主后，我发现他们并不一定多有钱。很多人其实只算小有所成，只是把自己的大部分收入都用来购买这辆车了。

我记得有个年龄和我相仿的家伙，我们叫他罗杰。我不知道他是做什么工作的，但他开着一辆保时捷，这自然会让人们产生一些猜想。

然而有一天，他开着一辆老旧的本田来了，接下来的几周也是如此。

"你的保时捷呢?"我问。他告诉我,因为还不起车贷,他的保时捷被收回了。他的言语中没有一点儿难为情之意,就像神色自若地谈论下一场比赛的运动员一样。我们关于他事业成功的一切猜想都错了,而在洛杉矶,有无数像罗杰这样的人。

一个开着价值10万美元的豪车的人可能的确是个富翁,但在关于他们财富的数据中,我们唯一能确定的只有:在购买这辆车后,他拥有的财富总额减少了10万美元(或者说,是负债多了10万美元)。这就是我们能确定的全部了。

我们总是喜欢用看到的东西为标准来判断一个人是否富有,因为这些是摆在我们面前、实实在在的东西。我们看不到别人的银行账户或经纪账户结单,所以只能通过一些外在的东西来判断一个人是否富有,例如车子、房子或社交网络上的照片。

现代资本主义致力于帮助人们通过超前消费的方式来享受原本力不能及的物质生活,并将这种消费观发展为一个备受推崇的产业。

但事实是,财富并不是我们能看到的外在部分。

财富是由你没有去购买的豪车、钻石、手表、服装和没有升级到的头等舱座位体现的。财富是由未被转化为实物的金融资产体现的。

可惜,我们衡量财富时不会想到这些,因为人们是无法理解自己看不见的东西的。

歌手蕾哈娜（Rihanna）因为大手大脚而几近破产，于是她起诉了自己的财务顾问。对此，这位顾问表示："如果你花钱买了东西，那么你最终只会拥有这些东西，当然不会有钱了。这道理还需要我告诉她吗？"[30]

你可能会因为这句话发笑，那就笑吧。但这个反向句的答案却是：是的，人们确实需要别人告诉他们这一点。在说自己想成为百万富翁时，大多数人想表达的意思可能是："我希望我有100万可以随便花"，但这和身为百万富翁的真正意义刚好相反。

投资家比尔·曼（Bill Mann）曾写道："让自己感到富有的最佳方式莫过于把大笔钱花在那些真正美好的东西上。但想真变得富有，你需要做的是花自己已经有的钱，而不是透支还不属于自己的钱。事情就是这么简单。"[31]

这是一条很好的建议，但可能还不够透彻。想真变得富有，唯一的途径就是别去消耗你拥有的财富。这不仅仅是积累财富的唯一方式，也是富有的真正定义。

在区别"富有"和"有钱"时，我们应该格外小心，二者的区别不仅仅在字面上。正是因为不懂其中的区别，无数人才在金钱上做出了错误决定。

"有钱"与你当前的收入水平有关。开10万美元豪车的人当然是有钱的，因为即使车是贷款买的，他们也需要达到一定的收入水平才能负担每个月的按揭还款。那些住豪宅的人也是如此。因此，发现有钱人并不难，因为他们常常会通过各种各样的方式让人们知道他们有钱。

但一个人的富有却是看不见的，因为没有被花掉的收入才会成为财富。财富存在于你尚未做出购物决定的时候。它的价值在于它为你提供的选择、灵活度和成长空间，在于能让你在将来的某一天购买比现在能买的更多的东西。

饮食和运动之间的关系可以很好地说明这个道理。我们都知道减肥是件困难事，即使对那些疯狂运动的人来说也一样。在《人体简史》(*The Body*)中，美国作家比尔·布莱森（Bill Bryson）解释了其中的原因：

> 美国的一项研究发现，人们对一次身体锻炼所能燃烧的能量的估值比实际消耗的能量高了4倍，而他们接下来平均摄入的能量大约是运动中消耗的能量的2倍……所以事实是，你运动的效果会被大量饮食抵消，而我们中许多人就是这么做的。

锻炼和变富的道理是相似的。你在锻炼后可能会想："我运动过了，现在要用一顿大餐犒劳一下自己。"富有意味着你会拒绝这顿大餐，单纯消耗掉而不再额外补充能量，只不过这很难，需要强大的自制力。你可以做你愿意做的，也可以选择对你而言最好的，而时间会让不同选择造就的差异变成巨大的鸿沟。

我们很多人面对的问题是，我们很容易找到有钱的人做榜样，但想找到富有的人却不容易，因为从性质上讲，他们的成功更隐蔽。

当然，一些富有的人也会用大把的钱去消费，但即使在这些案例中，我们看到的依然是他们花钱的一面，而不是他们聚财的事实。我们看到的是他们选择的车，或者为孩子选择的学校。我们看不到他们的储蓄额、退休金或投资组合。我们看到的是他们买下的房子，而不是他们通过积累财富而有能力购买的更大的房子。

这种现象的危险之处就在于，我认为绝大多数人在内心深处都想变得富有，都渴望自由而有灵活度的生活，但只有没有被挥霍掉的真正的财富才能赋予我们这样的生活。但是长久以来，我们形成的消费观是，钱就是用来花的，所以我们其实不太理解，富有的前提其实是克制。正是因为这个道理不够直观，所以我们很难从中学习。

我们擅长通过模仿来学习，但财富看不见的特性让我们很难模仿和学习他人的经验。罗纳德·里德去世后，他成了许多人理财的榜样。他受到媒体的推崇，他的事迹在社交网络上被传颂，但当他在世的时候，他却做不了任何人的理财榜样，因为他财富中的每一分钱都是隐蔽的，连认识他的人都不知道他那么富有。

想象一下，如果你没有机会阅读那些伟大作家的作品，学习写作这件事会变得多么困难。谁来成为激励你的人？谁来成为你欣赏的对象？谁来提供写作技巧和建议供你学习？这会让本就不容易的事变得更加艰难。你很难通过自己看不见的事物学习，这就是为什么很多人都难以积累真正的财富。

这个世界上有很多看起来低调但实际上很富有的人，还有很多看上去很有钱却生活在破产边缘的人。当你在评价别人的成功和设定自己的目标时，请记住这个事实。

如果财富是你不去使用的金钱，那么财富又有什么好处呢？好吧，让我告诉你我们为什么要存钱。

第 10 章

存　钱

你能控制的唯一因素恰恰决定了最重要的一点。

这是多么奇妙啊。

让我来说服你存钱吧。

我需要的时间不会很长。

但这可真是个奇怪的任务，对吧？

存钱这件事还需要别人来劝说吗？

然而，据我观察，需要。很多人都不会主动存钱。

我们可以把有一定收入的人分为三种：会存钱的人、认为自己存不下来钱的人以及认为自己不需要存钱的人。

我在这里要说服的是后两种人。

很简单但容易被忽视的第一条法则——财富积累与你的收入或投资回报率关系不大，而与你的储蓄率关系很大。

让我来讲一个体现效率力量的小故事。

20世纪70年代，世界似乎开始面临石油耗尽的危机。原因很简单：世界经济在快速发展，而这需要大量的石油，但是我们开采出的石油量却跟不上经济发展的步伐。

但事实上，谢天谢地，我们后来没有缺油。主要原因不是我们发现了更多的石油，也不是采油技术有了提升。

我们能够度过能源危机的最主要的原因是，我们生产的汽车、建造的工厂和住宅在能源利用方面的效率比以往提高了。在今天的美国，国内生产总值中每1美元消耗的能源与1950年相比减少了60%。[32] 如今的全部机动车辆消耗1加仑[①]汽油能行驶的平均里程已经是1975年时的2倍。1989年的一台福特金牛轿车消耗1加仑汽油能行驶18英里[②]，而2019年的一台雪佛兰郊区（一种超大型的SUV）消耗1加仑汽油能行驶18.1英里。

在过去的几十年当中，全世界的"能源财富"在不断增加，但这并不是因为世界上的能源总量在增加，而是因为能源的需求量在减少。自1975年以来，美国石油和天然气的产量增加了65%，但节约和使用效率的提高让我们在消耗这些能源后的产出翻了1倍还多，所以很容易看出哪种因素影响更大。

在这里很重要的一点是，勘探出更多能源的途径在很大程度

---

① 1美制加仑≈3.8升。
② 1英里≈1.6千米。

上超出了我们的控制范围，充满了不确定性，因为它们在不同程度上依赖着地质学、地理学、气候和地缘政治等因素，但更高效地利用能源的途径在很大程度上是我们能控制的。比如，我们可以选择买一辆排量小的车或选择骑车出行，因此我们百分百确定自己可以提高能效。

在金钱相关的方面，道理同样如此。

投资的确有可能让你致富，但关于某种投资策略能否带来回报，能持续回报多久，以及市场是否会配合，始终存在未知数，所有结果都笼罩在不确定性当中。

但是，个人的节俭和储蓄行为——在金融方面的节约和高效——是金钱等式中你具备更强控制力的部分，而且在未来也会像今天一样，是百分百行得通的方法。

如果你觉得积累财富需要更多的收入或者更高的投资回报，你就会像20世纪70年代对能源持悲观看法的人一样。在你看来，前方的道路充满坎坷，一切都在你自己的控制之外。

如果你把积累财富看作一个受你自己的勤俭节约和效率提升控制的过程，你的财富前景就会变得更清晰。

财富是对收入扣除开支后剩下的部分进行积累的结果。因此，即使你收入不高，你依然可以积累财富，但如果你的储蓄率不高，你绝不可能积累财富——两相对比，孰轻孰重显而易见。

更重要的是，财富的价值和个人需求有关。

假如你和我拥有的财富净值是一样的。

你比我更擅长投资：我的年回报率有 8%，而你有 12%。

但在花钱这件事上，我比你更高效。比如说，我只需要支出你支出的一半就能感到快乐，而你对生活的要求则随着你财富的快速增加而不断提升。

尽管我在投资方面不如你，但我的生活却过得比你好。尽管我的投资回报率比你低，但我却从投资中获得了更大的益处。

个人收入也是如此。如果你学会用更少的钱来获得同样多的幸福感，你的欲望和所得之间就会产生积极的落差。你也可以通过提升收入来造就这种落差，但欲望和所得之间的落差才是你更容易控制的。

高储蓄率意味着你的开支会比平时更低，而低支出意味着你能存下来的钱比高支出时多。

相比之下，仅仅是为了将投资回报率提升 0.1%，大量的专业人士花费了无数个小时，将大笔金钱投入研究——考虑一下这个背景，再想想节俭和高效的作用，你就很容易明白哪种方法更重要、更值得追求了。

一边是专业投资者每周花 80 个小时去研究投资，只为了投资回报率能多 0.1 个百分点的事实；另一边，这些人的经济生活中却有着整整两三个百分点的浮动空间，而他们不须付出前一种情况中那么多的努力，只要略微调整生活方式就可以充分利用这些空间。

能获得高额的投资回报和丰厚的收入自然是一件非常棒的事，而有些人确实可以做到。但在金钱收支公式的两端，人们在一端投入了大量的精力，在另一端却鲜有作为。这就给了大多数人一个机会。

收入超过一定水平后，你的物质需求由欲望决定。

每个人都有基本的物质需求，而当这些需求被满足后，人们就会上升一个层次，去追求生活的舒适性。当舒适性也得到满足后，人们又会去追求兼具舒适性、娱乐性和启发性的事物了。

但当消费超越了最基本物质生活需求的水平后，它在大体上便成了虚荣的自我的反映，一种通过花钱向人们展示你有钱（或曾经有钱）的方式。

如果是这样，增加财富最有效的方式就不是提高个人收入，而是培养你的谦逊之心。

当你把存款定义为虚荣的自我和收入之差时，你就能明白，为什么很多收入不低的人很难存下钱来，因为他们每天都在和自己想要尽情炫耀并与其他炫富者攀比的本能抗争。

那些长期成功经营个人财富的人并不一定有着高收入。他们的一个共同点是，完全不在乎别人如何看待自己。

所以，我们比自己想象中更有能力掌控自己的储蓄率。

当开支减少，储蓄率自然会提高。

当你的欲望减少，开支自然就会减少。

当你不再关心别人怎么看你，你的欲望自然就会减少。

正如我多次在本书中提到的，财富积累更多时候与心理过程而非金融规律有关。

存钱并不需要一个特别的理由。

有不少人存钱是为了还房贷或者买车，也有人是在为以后的退休生活而未雨绸缪。

有这些目标当然很好。

但存钱并不一定要为了日后买什么。

你完全可以为存钱而存钱。事实上，你就应该这样做，每个人都应该这样做。

如果我们生活在一个一切都符合预测的世界里，那么只为日后买什么而存钱的行为是合理的，但我们生活的世界并非如此。存钱的目的可以是防止意外。这样一来，即使出现了最坏的情况，你也不会惊慌失措。

存钱与消费无关的另一个好处我们在第 7 章中讨论过，那就是存钱能让你在时间方面拥有更大的自由。

每个人都知道，钱能买到各种各样有形之物，但钱还能买到很多无形之物。后者不容易理解，因此经常被人们忽视。但是金钱的无形好处比你存钱购买实物的有形好处要有价值得多，还能提升你的幸福感。

当你不是为了购买特定目标而存钱时，你就会有更多的选择和自由。你有底气一直持币等待，也可以随时将这笔钱投入使用。你的存款会让你拥有充足的考虑时间，让你可以根据自己的具体情况随时改变方向。

你每存一笔钱，就好像是从未来本可能属于他人的财富中拿来一部分，加入你自己的财富中。

对时间的灵活掌控是你的无形财富。

该如何评价银行里的存款让你有底气选择跳槽，提前退休，或者不必为生计而担忧？

我想说，这种回报的好处是无法估量的。

原因有二。首先，这种回报太大也太重要了，以至于我们无法赋予它一个数字。其次，这种回报本身就很难量化——我们无法像计算银行利率一样来计算它——而我们很容易忽视我们无法量化的东西。

如果你对时间没有太多掌控权，你就不得不接受那些不够好的机会，但如果你有足够的时间，你就可以等待更好的机会降临。这就是储蓄带给你的一种无形的回报。

就算银行存款利率为零，你也能获得超乎寻常的回报，比如，正因为有这些存款，你可以选择一份虽然工资低但对你而言更有价值的工作，或者等待那些缺乏灵活度的人被迫抛售金融资产——对你而言这是更好的投资机会。

而且这种无形的回报逐渐变得越来越重要。

过去，人们的活动都局限于本地。据罗伯特·戈登记录，不过就在100多年前，75%的美国人既没有电话，也没有享受到常规性的邮政服务，而这使得人与人之间的竞争局限于很小的地理范围内。一个智力水平普通的工人可能会被看作镇上最好的工人，而之所以如此，就是因为没有其他镇上更聪明的工人与其竞争。

如今，情况早已改变。

我们生活在一个紧密联系的世界里。这意味着和你竞争的人已经从一个小镇上的几百或几千人变成了全球范围内的几百万或几十亿人，尤其是那些需要脑力而非体力劳动的工作——教育、营销、分析、咨询、会计、编程、新闻甚至是医疗——这些岗位会在全球范围内引发竞争。随着数字化的发展让交往跨越国界，会有更多领域内的竞争变得全球化，因为"软件吞噬了世界"，风险投资人马克·安卓森（Marc Andreessen）这样说。

当你面对的竞争者的范围越来越大时，你应该问自己这样一个问题："我如何才能脱颖而出？"

"我够聪明"已经渐渐成为一个糟糕的答案，因为世界上最不缺的就是聪明人。在每年的美国高中毕业生学术能力水平考试（SAT）中，就有接近 600 人能得满分 1,600 分，而距离 1,600 仅有几分之差的也有 7,000 人。在一个赢者通吃的全球化世界里，这样的人在不断变成你的直接竞争对手。

在一个联系越发紧密的全球化世界里，智力不再是一个可靠的优势。

但你拥有的灵活度却是。

在一个智力方面的竞争已经白热化，而很多旧有技术已经被自动化技术取代的世界里，竞争优势开始转向更加细微的软件层面，比如沟通能力、共情能力，以及最重要的一点——一个人的灵活度。

如果你拥有这种灵活度，你就可以等待好机会来临，不管是在工作还是投资中。在需要的时候，你也有更大的机会学习一项新技能。在追逐比你优秀的竞争者时，你的紧迫感会少一些。你会有更大的余地按照自己的节奏去寻找自己喜欢并适合自己的工作。你会找到一种新的生活方式、一种更慢的生活节奏，用一套不同的理念来考虑生活。当智力不再是一种持久的优势时，拥有别人没有的灵活度是少数几种能帮你拉开与别人的距离的特质。

在时间和选择方面的更大控制权已经成了当今世界最有价值的通行货币之一。

这就是为什么更多人可以也应该存钱。

你知道除此之外人们还能做些什么吗？放弃做一个绝对理性主义者。让我来告诉你为什么。

第 11 章

合乎情理胜过绝对理性

在大部分情况下做出合乎情理的决策，

比追求绝对理性的效果更好。

你不是一份电子表格，而是一个人，一个有着七情六欲，经常头脑发昏的人。

我是花了一些时间才明白这个道理的。而在明白之后，我意识到，这是理财行为中一个很重要的因素。

与这个道理相关的一点常常被人们忽视：在做投资决策时，不要试图保持绝对理性，而要做出对你而言合乎情理，也就是更好接受的选择。后者在现实中更容易做到，能让你长期坚持，而坚持对理财来说才是至关重要的一点。

为了让你明白我这话的意思，我来讲一个故事。故事的主人公曾尝试利用疟疾去治疗梅毒。

朱利叶斯·瓦格纳-尧雷格（Julius Wagner-Jauregg）是一名

生于 19 世纪中叶的精神病学家。他有两项绝技：一是善于发现规律，二将别人眼中的疯狂之举大胆尝试。

他擅长治疗严重的神经梅毒——在当时，人们尚未发现这种致命疾病的有效疗法。在治疗病人的过程中，他注意到了一种现象：如果病人得了与梅毒无关的导致持续发热的小病，其梅毒症状就会渐渐好转。

瓦格纳－尧雷格认为，这种现象的原因是一种几个世纪前便被发现但始终未能得到医学解释的规律：发热可以帮助身体对抗传染病。

于是，他得出了一个合乎逻辑的结论。

20 世纪初期，瓦格纳－尧雷格开始将伤寒、疟疾和天花的低端病原体注入梅毒病人体内，引起其身体足够强烈的发热反应，以杀灭梅毒螺旋体。这件事听起来很危险，实际上也确实如此。有些病人就在接受这种治疗后死亡了。最后，他选定了一种致病性较弱的疟原虫。其引发的疟疾会导致连续数日的高烧，但可以采用奎宁治愈。

尽管悲剧时有发生，在多次尝试和失败后，他的实验最终成功了。瓦格纳－尧雷格在报告中写道，在经过"疟热疗法"的治疗后，60% 的病人康复了，而对照组中病人的康复率则只有 30% 左右。1927 年，他凭借这一发现获得了诺贝尔生理学或医学奖。

如今，该奖项这样肯定他的成就："在其终生的工作生涯中，瓦格纳-尧雷格最主要的贡献是采用诱导发热的方式来治疗精神疾病。"[33]

后来，随着青霉素的问世，谢天谢地，梅毒的疟热疗法退出了历史舞台。虽然如此，瓦格纳-尧雷格依然是历史上仅有的几位不仅认识到发热在帮助身体对抗传染病过程中的重要作用，而且成功地将这种机制发展为疗法的医生之一。

发热之所以自古便是一种令人恐惧的现象，可能是因为过去的人们未能理解其背后的机制。古罗马人崇拜菲波利斯（Febris）——保护人们不发热的女神。当时的人们在庙宇中敬献礼品，祈求她的宽恕，希望能躲过下一次发热的煎熬。

但是，瓦格纳-尧雷格却在发热现象中看出了门道。发热并不是一种偶尔出现的麻烦，而是在身体的康复过程中起积极作用的机制。关于发热在抗击传染病过程中的作用，现在我们已经有了充分的科学证据。科学研究发现，体温每上升1℃，病毒在体内的复制速度就会减缓至原本的二百分之一。"无数观察发现，出现发热症状的病人的治疗效果更好。"美国国立卫生研究院（NIH）的一篇文章写道。[34] 西雅图儿童医院（The Seattle Children's Hospital）在其网站上开辟了一个专区，对孩子体温升高一点点就陷入恐慌的父母进行科普："发热启动了人体的免疫系统，帮助身体对抗感染。100 ℉～104 ℉ [①] 之间的普通发热对患儿是有好处的。"[35]

但是科学归科学，人们在现实中依然无法轻松看待发热。

发热普遍被视为一件坏事。一旦出现发热症状，人们便会服用泰诺之类的药品，希望迅速退热。尽管我们的机体是在经过几百万年的进化后才发展出这种防御机制的，但是没有哪个家长、病人，很少有医生，自然不会有任何制药公司将发热看作一件好事。相反，发热始终被看作一种需要被清除的症状。

这些看法并不符合已知的科学事实。一项研究直言不讳地指出："在ICU病房中，对发热的治疗是一种普遍的操作。这更像是对教条的恪守，而非建立在经验上的习惯。"[36] 密歇根大学医学史中心（Center for the History of Medicine）的主任霍华德·马克尔（Howard Markel）曾这样评价"恐热症"："这些文化习俗就像它们背后的传染病一样得到了广泛传播。"[37]

为什么会发生这样的事？如果发热是一件好事，为什么还会出现这种广泛的恐热现象？

我认为其中的原因并不复杂：发热会带来痛苦的感受，而人们不喜欢痛苦。

---

① 合37.7℃~40℃。

原因就是这么简单。

医生的职责不是简单地治好病,而是使用能让病人接受的人性化手段治好病。发热在对抗感染的过程中具有辅助功效,但也会带来痛苦的感受。作为一名病人,我去看医生是为了消除痛苦。当我裹着毯子浑身发抖时,我才不在乎什么双盲研究,如果你有可以退热的药片,就快点儿给我吧。

如果你患了传染病,希望自己发热的想法是绝对理性的,但并不是合乎情理的。

"选择合乎情理的,而非绝对理性的"——在做关于金钱的决定时,更多人应该好好考虑一下这个道理。

金融学理论研究的目的是从数学角度找出投资策略中的最佳方案,而我个人的见解是,在真实的世界中,这种从数学角度出发的最佳方案不一定会受到人们的欢迎。现实中的最佳投资方案一定是能让我们晚上睡得安稳的方案。

哈里·马科维茨(Harry Markowitz)凭借对风险和回报之间的数学均衡关系的研究获得了诺贝尔经济学奖。有人曾问他是如何投资的,于是他介绍了自己在20世纪50年代时的投资组合配置——那时他的投资模型才刚刚建立:

> 我能想象到，如果股市持续上行而我并没有身在其中，或者股市持续下跌而我又把钱全部投入其中，我的心情会有多糟糕。我的投资原则就是把未来的后悔降到最低，所以我用一半钱买债券，一半钱买股票了。

马科维茨最终改变了自己的投资策略，使得投资组合多元化，但在这里，有两点很重要。

第一点是，"把未来的后悔降到最低"很难在理论上得到论证，但很容易在现实中得到验证。一个理性的投资者是根据各种数据来做出投资选择的，但一个现实的投资者的投资决定则受到许多因素的影响：你希望会议室里的同事羡慕你，或者不想让伴侣对你失望，又或者讨厌你愚蠢的小舅子或邻居对你的决定指手画脚，甚至也要面对自己的疑虑。投资行为中存在着社会性因素，但如果从绝对理性的金融视角来看待投资，这些因素就常常会被忽视。

第二点是，这种现象很正常，没什么不好的。就投资策略采访过马科维茨后，财经作家杰森·茨威格（Jason Zweig）写下了这样的反思：

> 我想，人既不是绝对理性的，也不是非理性的。我们

只不过是凡人而已。在不需要思考的时候,我们是懒得思考的,毕竟世界上有那么多事会分散我们的注意力资源。从这点看,我们就无须惊讶这位现代投资组合理论的创始人在最初几乎没有遵照自己的理论进行投资配置了,而他后来对投资组合做出调整这件事就更没什么值得奇怪的了。[38]

马科维茨既不是一个理性主义者,也不是一个非理性主义者。他只不过是一个现实的投资者,做出了对他而言合乎情理的决策罢了。

在金融领域中,人们常常忽视的一点是,某些方案在理论上讲完全正确,但在实际操作中却是违背人性的。

2008年,耶鲁大学的两名研究人员发布的一项研究认为,年轻人最好用退休金账户余额2倍的金额投资股市(即以自己承担1美元、负债2美元的保证金形式)。这项研究建议投资者随着年龄的增长降低杠杆,即可以在年轻时多承担一些风险,应对金融市场的巨大波动,而随着年龄的增长减少承担的风险。

即使在年轻时动用杠杆可能会让投资者倾家荡产(如果你采用上述2∶1的保证金形式,当市场下跌50%时,你就会一无所有),该研究显示,长期来看,只要他们没有受到致命打击,能继续执行这项计划,在账户清零后仍然以2∶1的保证金形式将钱投入这个退休金账户，他们到老后依然能拥有财富。

这个观点从理论上讲是正确的，是一种绝对理性的策略。

但从现实角度看，它几乎是不可能落实的。

没有哪个正常人能眼睁睁地看着自己的退休金账户清零而内心毫无波澜，继续一如既往地执行这种投资策略。相反，他们会选择放弃这种策略，去寻求其他方案，或许还会起诉他们的理财顾问。

这两位研究者认为，采用他们的投资策略后，"投资者退休后的财富比采用生命周期基金[①]（life-cycle fund）积累的财富要高90%"。然而，他们这种投资策略和生命周期基金相比却是100%不现实的。

在那些看似不够理性的决策背后，其实存在着一个可以被理性分析出的原因。

比如这个：我认为，你对自己的投资对象是有感情的。

这并不属于传统观点的范畴。在传统观点看来，投资者会自

[①] 又称"目标日期基金"，是近20年来美国养老金市场最成功的创新产品之一。生命周期基金会事先设定一个目标日期。随着目标日期的临近，基金会不断调整投资组合（通常是随着时间流逝降低权益类金融资产的权重，增加固定收益类金融资产和现金的权重），以降低风险。

谑他们对投资对象不抱有任何情绪，而这对他们来说就像一个荣誉勋章，因为会显得他们很理性。

但如果你对自己选择的投资策略或持有的股票没有感情，当情况变得糟糕时，你就很可能放弃它们。这时看似理性的思考就变成了一种麻烦的责任。而现实中的投资者的投资策略虽然在理论层面看并不完美，但他们有自己的优势——更容易将自己的投资策略坚持到底。

在影响收益表现（包括收益额和在一定时间内有所收益的概率）的诸多金融参数中，相关性最大的莫过于在经济不景气的年份对投资策略的长期坚持。在美国股市中，一名投资者在一天中有所收益的历史概率大约为50%，在一年周期内有所收益的概率为68%，在10年周期内有所收益的概率为88%，而（到目前为止）在20年周期内有所收益的概率为100%。所以，任何能让你留在投资游戏中的因素都会在时间方面增强你的优势。

如果你把"做自己喜欢的事"看作通往幸福人生的路标，它听上去仿佛是从幸运曲奇里掏出来的空洞建议，但如果你对这句话的理解是，这种行为标准能通过让你长期坚持做某事来提高成功的概率，你就会明白，这是所有投资策略中最重要的一点。

如果你投资了一家发展前景不错的企业，但并不关心其具体业务，当一切发展良好的时候，你或许会感觉不错，但一旦情况急转直下，突然之间，事情就变成了你在自己不感兴趣的项目上亏了钱。对你来说，这是一种双重负担，于是你最可能做出的选择就是转投其他领域。如果你一开始就对投资对象很感兴趣——这家企业的使命、产品、团队和技术等方面都非常合你的口味——那么当它因为收益下滑或需要帮助而进入不可避免的低谷期时，你至少会因为感到自己在做一件有意义的事而对损失没有那么在意。这种心态会成为让你不轻言放弃并转向下一个目标的必要动力。

在其他一些涉及金钱的情况下，做个现实主义者也比做个绝对理性主义者强。

在投资行为中存在着一种有案例可查的"本土偏好"，即投资者倾向于投资本土企业，而不会考虑在地球上占95%的其他国家的企业。这自然是不理性的表现，但你要知道，投资本质上是一种把钱交给陌生人并希望尽可能赚取回报的行为。如果熟悉感能为你提供坚持把钱交到陌生人手里的信任感，那么这件不够理性的事就是合乎情理的。

日内交易和选择个股对大多数投资者来说都是不够理性的表现，毕竟亏钱的概率比赚钱的高得多。但如果这两类投资行为只占据很小的部分，不会影响多元化的投资主体，那么它们就是合乎情理的。投资家乔西·布朗（Josh Brown）是多元化基金的拥冤，主要投资这类基金。他曾经如此解释自己为什么还会持有少量股票："我买股票不是因为觉得哪只股票能跑赢大盘，而是因为我热爱股票。我从 20 岁开始就迷上股票了。而且这是我的钱，我想买什么就买什么。"这就属于合乎情理的选择。

大多数对经济和股市走向的预测都极不靠谱，但是做预测这种行为本身是合乎情理的。你很难接受在早晨醒来后告诉自己，你对未来会发生什么一无所知，尽管这是事实。根据投资预测来交易是很危险的，但我能理解人们为什么都喜欢预测下一年会发生什么，这是发自人性的，因此是合乎情理的。

先锋领航集团已故的创始人杰克·博格尔在其职业生涯中一直致力于推广低成本的被动指数基金，所以当他的儿子谋得一份主动性、高收费的对冲基金和共同基金经理的工作时，很多人都感到很惊讶。博格尔，这个曾说高收费基金违背了"无情的简单算术法则"的人，将自己的一部分钱投到了儿子负责的基金中。这该如何解释呢？

"我们会出于家庭原因做某些事，"博格尔对《华尔街日报》说，"如果这和我在工作中的态度不一致，好吧，因为人生中本来就会有不一致的时候。"[39]

事实上，人生中很少有理论与现实一致的时候。

第 12 章

意 外！

历史是对变化的研究，但具有讽刺性的是，

人们却将历史当作预测未来的工具。

斯坦福大学教授斯科特·萨根（Scott Sagan）曾说过一句应该被每个关注经济或投资市场的人挂在墙上的话："世界上总在发生过去从来没有发生过的事。"

历史研究的主要内容是意料之外的事件，但投资者和经济学家们却经常将其看作对未来不容置疑的指南。

你看到其中的讽刺性了吗？

你注意到其中的问题了吗？

深入研究经济史和投资史是非常可取的，因为历史能帮助我们修正对未来的预期，研究前人经常犯错的地方，针对事物的有效性提供粗略的指引，但是无论如何，历史都不是一张能够预测未来的路线图。

许多投资者都掉入了一个被我称为"错把历史学家当预言家"的陷阱：在一个由创新与变革驱动进步的领域里，过度依赖历史数据去预测未来的情形。

我们不能因此责备投资者。如果你把投资看作一门硬科学，那么历史就应该是对未来的完美指南。地质学家会通过10亿年的历史数据来构建地球运行的模型，气象学家的做法也如此，医生同理——今天我们身体内肾脏的工作方式和1,000年前的并没有什么不同。

但是投资并非硬科学。投资从本质上说，是规模巨大的一群人根据有限的信息针对将给他们生活幸福度带来巨大影响的事情做出不完美决策的行为，而这会让最聪明的人也变得紧张、贪婪和疑神疑鬼。

伟大的物理学家理查德·费曼（Richard Feynman）曾说："想象一下，如果电子有情感，物理学研究会变得多么困难。"然而投资者是有情感的，没有几个人能做到绝对理性，这就是为什么我们很难仅根据他们过去的行为来预测他们的下一步动作。

经济学理论的基石是"事物会随时间而改变"的道理，因为市场这只无形之手并不愿意看到太好或太坏的情形持续。投资家比尔·邦纳（Bill Bonner）曾这样描述这位"市场先生"的工作方式："他穿着一件写有'资本主义在运行'的T恤，手里则握着一把大锤。"很少有什么能一直存在，而这就意味着我们不能把历史当成预言。

和金钱相关的任何事背后最重要的驱动力,是人们对各种现象的合理化解释以及对商品和服务的偏好。这些事不会一成不变。随着社会文化的改变和一代又一代人的成长,它们也会改变。这种改变无时无刻不在进行,而且将一直持续。

一说到金钱,我们总会对那些已经在金钱方面获得成功的人产生过度的崇拜,但经历过某些具体事件并不意味着你就拥有了预测未来的能力。事实上,这种事很少发生,因为经历带给人的往往是过度自信,而不是对未来的预测能力。

投资家迈克尔·巴特尼克对此有过很好的解释。人们认为,很少有投资者对利率上升有心理准备,是因为他们从来没有经历过这种情况——美国最近一次利率持续上升几乎是 40 年前的事。针对这种论调,迈克尔反驳说,是否有过经历其实不重要,因为就算有过相关经历,甚至对历史情况进行过专门研究,你也很难通过这种经历来判断未来利率上升时会出现哪些影响。

经历过又如何呢?难道这次利率上升会和上次一样,或者和上上次一样吗?难道不同的金融资产种类会出现相似的、完全相同的或者完全相反的走向吗?

一方面,那些经历过 1987 年、2000 年和 2008 年经济事件的投资者面对过的市场环境是多种多样的;另一方面,这些经历有没有可能让人变得过度自信，拒不承认自己犯的错，始终坚持先前的经验？

如果你太依赖投资领域内的历史经验，将其作为你下一步行动的指南，你就会面对两种危险。

1. 你可能错过那些产生重大影响的意外事件。

历史上最重要的事件往往是一些重大的、史无前例的意外事件。这些事件对经济和股市产生了根本性的影响。大萧条、第二次世界大战、互联网泡沫、"9·11"事件、2005年前后的楼市崩盘……这些意外事件在历史发展中扮演了重要的角色，因为它们随后对很多互不相关的事件产生了影响。

在19和20两个世纪，世界上一共出生了150亿人。但是想一想，如果没有下面这几个人，今天的全球经济——或者说全世界的形势——会有多大的不同？

- 阿道夫·希特勒
- 约瑟夫·斯大林

- 加夫里洛·普林西普[1]（Gavrilo Princip）

- 托马斯·爱迪生

- 比尔·盖茨

- 马丁·路德·金

我甚至不确定这份名单是否囊括了所有最具影响力的人，但是如果没有他们留下的影响，我们今天的世界从国界线到科学技术再到社会规范的所有领域都会不同。换句话说，在过去的一个世纪里，0.00000000004%的人决定了世界的主要发展方向。

历史上的重大项目、创新和事件也是如此。想象一下，如果过去的一个世纪中以下事件都没有发生，世界会是什么样的：

- 大萧条

- 第二次世界大战

- "曼哈顿计划"（The Manhattan Project）[2]

- 疫苗的出现

- 抗生素的发明

- 阿帕网（ARPANET）[3]

---

[1] 暗杀了奥匈帝国皇储、引发第一次世界大战的塞尔维亚青年。
[2] 第二次世界大战期间美军研究核武器的计划。
[3] 美国国防部高级研究计划局网络，是互联网的前身。

- "9·11"事件

- 苏联解体

20世纪出现了多少重大项目和事件？几十亿，也可能有几万亿——谁知道呢？但就其数量级而言，仅上述8个事件对世界秩序的影响就远远超过了其他。

人们很容易低估这些尾事件产生的影响，因为我们很容易忽略这些事件在滚雪球后会变得多严重。比如，"9·11"事件发生后，美联储不得不下调利率，从而引发了房地产泡沫的产生，进而导致了金融危机的发生。然后，就业市场开始萎缩，而这使得成千上万的人不得不涌入大学去读书，从而导致了1.6万亿助学贷款的产生，而其中有10.8%的人违约。单凭直觉，我们很难将19个劫机者和这样一笔巨额的助学贷款联系起来，但在一个意外事件可以产生重大影响的世界里，这样的事真的发生了。

在全球化的经济环境当中，任何时候发生的绝大多数事件都与此前发生的一系列历史事件有关，而这种走向几乎是无从预测的。

经济史的所有篇章中都有一个相同的情节，那就是意外事件。之所以出现意外事件，并不是因为我们的经济模型出了错，也不是因为我们的智力不够，而是因为在阿道夫·希特勒出生前9个月的某个晚上,他的父母把时间花在吵架和备孕上的可能性是均等的。技术的发展也很难预测,因为如果当初乔纳斯·索尔克[①](Jonas Salk)失去耐心,放弃了对疫苗的研究,那么比尔·盖茨就可能死于小儿麻痹症。而我们之所以没能预测到大学助学贷款的增加,是因为2001年9月11日那天机场的保安本来可以没收劫机者携带的刀具。这就是事情的全部因果。

问题在于,当我们对未来的投资回报进行预测时,我们参考的往往是大萧条和第二次世界大战这样的事件,把它们当作可能出现的最坏情形。但当初这些事件发生之前,并没有出现过同样坏的先例。所以,当预测者用过去发生的最坏(或最好)的事件来推测未来最坏(或最好)的情形时,这种行为本身就违背了历史规律。他们是在以历史上的偶然事件为标尺去衡量未来。

纳西姆·塔勒布在《随机漫步的傻瓜》(*Fooled By Randomness*)中写道:

> 在法老统治下的埃及……书吏们会查找尼罗河的高水位记录,将其当作对未来可能出现的最坏情形的参考标准。日本政府在建设福岛核反应堆时也有过同样的考虑,但在2011年,当海啸袭来时,一场灾难性的事故发生了。修建核反应

---

① 美国实验医学家、病毒学家,研发出了安全、有效的脊髓灰质炎疫苗。

堆时，人们考虑过的最坏情形是历史上发生过的最严重的地震，但他们没有考虑更坏的可能——没有想过历史上的最坏事件同样是个意外，本身就没有前例可以参考。

在这里，失败的原因不在于分析的错误，而在于想象的贫瘠。认识到"将来和过去并没有必然联系"这一点很重要，但在金融预测领域，人们对此并不重视。

2017年，我在纽约参加了一场晚宴。席间有人问丹尼尔·卡尼曼[①]（Daniel Kahneman），当预测出错时，作为投资者该如何应对。卡尼曼说：

> 每当我们遇到新的问题时，即使我们在心里承认我们犯了一个错误，我们也会说："哦，下次我再也不会犯同样的错误了。"但事实上，如果你犯错是因为你没能预测到某些意外，你得到的教训应该是：世界很难预测。每天都在发生意料外的事。这就是你应该从意外事件中领悟的真理。

你从意外事件中领悟的真理应该是：每天都在发生意料外的

---

① 著名心理学家，2002年获得诺贝尔经济学奖，代表作有《思考，快与慢》(Thinking, Fast and Slow)。

事。我们不该将过去的事件当成未来可能性的指南；面对意外事件，我们应该做的是承认这一点——关于未来会发生什么，我们一无所知。

关于未来会发生的最重要的经济事件，那些事关大局的方向性事件，历史很难甚至无法为我们提供参考。这些事件必然是没有先例的。这种无先例的特性决定了我们无法预测到它们的发生，而这正是它们会产生重大影响的原因之一。这个道理既适用于经济大衰退和战争等令人感到恐慌的消极事件，也适用于创新等积极事件。

我对以上看法信心十足，因为"意外事件决定历史走向"是我们唯一能预测到的，而这在几乎每一个历史节点上都得到了证明。

2. 历史会对经济和股市的未来产生误导，因为它无法将今天世界上非常重要的结构性变化纳入考虑。

我们来看几个比较典型的案例。

自 401K 计划诞生已经有 42 年了，而罗斯个人退休金账户则是 20 世纪 90 年代才出现的，存在时间还很短。所以就如今的美国人该如何为退休储蓄这个问题，我们不能去对比上一代人的做法,因为我们有了新选择,时代已经变了。

我们再来看看不过 25 年历史的风险投资。今天的某些单只风险投资基金的规模就已经超过了上辈人生活时期整个产业的规模。[40] 耐克的创始人菲尔·耐特(Phil Knight)在其自传中写到了自己经商早期的情形:

> 那时候根本没有风险投资这个概念。一个怀揣着创业梦想的年轻人能够融资的途径很有限,而这些途径还大多由那些毫无想象力、一点儿风险都不敢承担的人——换个说法,就是银行家们——把着关。

这段话实际上传达的意思是,几十年前的那些创业公司的融资方式已经成了过去式。我们对投资周期和创业失败率的认知并不具备深厚的历史基础,因为如今的公司的融资方式已经出现了一些全新的历史范式。

我们再来看看股市。直到 1976 年,标普 500 指数才开始接纳金融类股票;而今天,金融类股票占该指数的 16%。科技类股票在 50 年前几乎是不存在的,但在今天,它们在该指数中的占比超过了五分之一。会计规则也随着时间的推移发生了改变。和过去不同的还有信息披露、审计方式和市场流动性。总而言之,

1854　1876　1897　1918　1940　1961　1982　2004

图 12.1　美国经济衰退周期

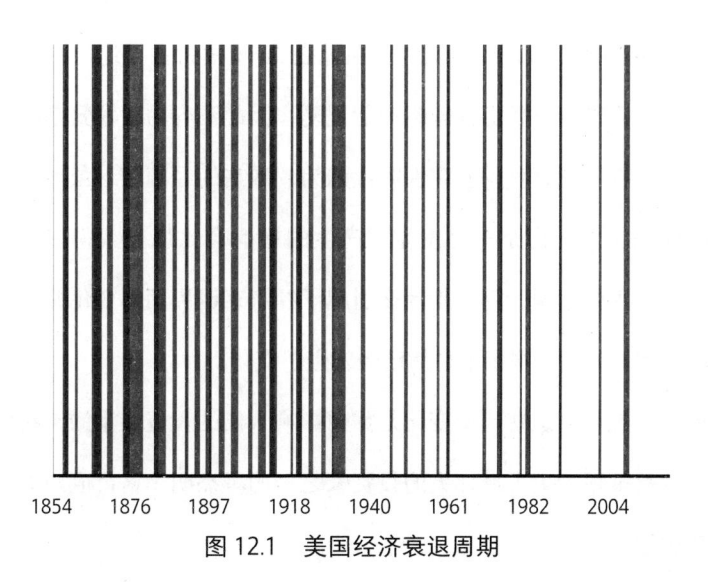

很多方面都发生了变化。

在过去的 150 年里，美国经济衰退的周期也发生了巨大的变化（见图 12.1）。

两次经济衰退的平均间隔从 19 世纪晚期的 2 年变为 20 世纪早期的 5 年，又变为过去半个世纪里的 8 年。

在我写这本书的时候，新的经济衰退期似乎又要到来，而这距离发生于 2007 年 12 月的最近一次经济衰退已经过去了 12 年。这是自美国南北战争爆发以来两次经济衰退的最长的间隔。

很多理论试图解释经济衰退周期变长的原因。其中一种认为，美联储在经济周期管理方面做得更好了，至少是延缓了经济衰退的到来。另一种则认为，在过去 50 年中占主导地位的服务业不像重工业时代那样容易产能过剩，因此不容易引发繁荣和萧条的交替。还有一种悲观性观点认为，现在的经济衰退虽然不如以前频繁了，但是一旦发生，产生的影响会比以往大得多。对本章的主题来说，究竟是什么引起了经济衰退周期的变化并不重要。重要的是，很多事显然已经发生了变化。

要想明白这些历史变化是如何影响人们的投资决策的，我们来看看被视为史上最伟大的投资家之一的本杰明·格雷厄姆的一部著作。

格雷厄姆的经典著作《聪明的投资者》(The Intelligent Investor) 不仅阐释了理论，还提供了像公式一样的实践指南。投资者们使用这些公式，就可以做出聪明的投资决策。

我在十多岁时读了这本书，第一次接触到了关于投资的知识。书中的投资公式很吸引我，因为这些公式会一步步地告诉你如何致富。你只需要按这些指导来行动就够了。事情看上去非常简单。

但当你真的去套用这些公式时，你就会明白问题所在：这些公式中真正有效的寥寥无几。

格雷厄姆主张以低于股票净营运资本（即存在银行里的现金减去债务）的价格买入股票。这听起来很美妙，但实际上很少有股票能以这么低廉的价格交易,除非,比如说,这只股票被爆出做假账。

格雷厄姆提出的准则之一是,保守型的投资者不要选择交易价格超过账面价值 1.5 倍的股票。在过去的 10 年中,如果你遵从了这条准则,那么你就只能购入保险股和银行股了。这条准则如今已经没有适用之处了。

《聪明的投资者》是史上最伟大的投资书籍之一,但我从未听说哪个投资者是按照格雷厄姆书中的公式操作才取得成功的。这本书充满了真知灼见——可能比市面上任何一本投资书籍都更有智慧——但作为一本投资指南,这本书中的许多观点都值得商榷。

为什么会这样?难道格雷厄姆只是很善于营销自己,发表的观点表面上很动听,在实践中却没有用吗?当然不是。事实上,作为个人,他是一名超级成功的投资者。

但是他很讲求实际。他是一个真正的逆潮流者。他并不那么执着于特定的投资理念。当其他很多投资者醉心于某些理论,导致这些理论变得过于流行,最后失去其原本的潜力时,他已经抛下这些理论前进了。杰森·茨威格曾为《聪明的投资者》的新版做过注解,他这样写道:

格雷厄姆一直在对自己的假设进行实验和反复求证，不断寻求可行的方法——不是过去适用的方法，而是如今适用的方法。在《聪明的投资者》一书的每部修订版中，格雷厄姆都会抛弃上一版中的公式，换上新的公式，并宣称，从某种意义上讲，"那些公式已经不再适用，或者说，不再像从前那么好用了，而这一版收录的这些公式更管用"。

格雷厄姆经常受到的一种批评是，在1972年的版本中，所有公式都过时了。对这种批评最恰当的回复应该是："是的，当然过时了！"这些公式是替换1965年的版本时留下的，而1965年版又是1954年版的修订版，1954年版则是1949年版的修订版，1949年版中的公式则是1934年他最早在《证券分析》(Security Analysis) 这本书中提出的公式的扩充版。

格雷厄姆于1976年去世。在1934年到1972年之间，他对这些公式进行了5次修改。你觉得这些公式在2020年还有多大指导意义呢？到2050年呢？

就在格雷厄姆去世前夕，有人问他，对个股的精确分析——他赖以成名的技能——是否还是他青睐的投资策略。他回答道：

总体而言，已经不是了。我不再提倡通过精确的证券分析技能来寻找优质的价值投资机会了。40年前,当我们的书刚刚发行时,这是一件有价值的事。但和那时相比,如今形势已经发生了翻天覆地的变化。[41]

发生的变化有:投资机会已经人尽皆知,于是竞争开始加剧;技术的发展让更多的人能够获取信息;当经济重点从工业部门转向技术部门后,因为商业周期和资本用途出现变化,行业结构也发生了改变。

情况已经变了。

关于投资史很有趣的一点是,你追溯的时期越久远,你看到的规律就越不适用于今天的世界。许多投资者和经济学家都会为自己的预测得到了几十年甚至几个世纪内的数据支持而感到欣慰,但因为经济始终在往前发展,近期的历史往往才对未来有最好的指导意义,因为近期的历史更有可能包含与未来相关的许多重要因素。

在投资界,有一句人们在说起时总会带上嘲弄意味的常用表述:"这次不一样了。"如果有人认为未来的走向不会完全符合过去的情况,你就可以反驳说:"那你的意思是,这次不一样了?"嘲弄意味尽显。这句话最早出自投资家约翰·邓普顿(John Templeton)之口,他认为"在投资中最危险的想法就是'这次不一样了'"。

不过，邓普顿承认的是，至少有 20% 的内容变了。世界始终在改变的事实是显而易见的。随着时间的推移，这些变化成了会造成最大影响的因素。迈克尔·巴特尼克则表示："在投资中最危险的想法是'这次不一样了'的想法本身就是最危险的。"

这并不意味着我们在投资理财时应该忽视历史的存在。相反，有一点很重要：你对投资历史追溯得越久远，得出的结论就会越缺乏针对性。你能领会一些具有普遍意义的东西，比如人性中存在着贪婪与恐惧，人们在面对压力时的表现如何，以及人们对刺激物的反应会随着时间前进而趋于稳定。研究金钱的历史对这类认识是很有帮助的。

但是具体趋势、交易、行业、市场上的具体因果关系，以及人们具体应该如何管理自己的财富，都处于一种持续的演化过程中。历史学家不是预言家。

于是，问题便出现了：我们应该如何思考和规划未来？我会在下一章中讨论这一点。

── 第 13 章 ──

容错空间

每个计划中最重要的部分,

就是为计划赶不上变化的情况做好预案。

聪明的理财行为的一些最佳范例可以在一个看似不可能的地方找到，这个地方就是拉斯维加斯的赌场。

当然，有这种头脑的不是全部玩家，而只是一小部分21点游戏玩家。对一般人来说，他们的算牌方式体现了理财策略中的一个关键——容错空间——的重要性。

21点算牌的基本原理很简单：

- 没有人知道发牌员接下来会抽到什么牌。
- 但是通过统计已经发过的牌，你就能知道牌堆中还剩下哪些牌了。
- 通过这种方式，你就能计算出接下来某张牌出现的概率。

作为玩家，当你需要的某张牌出现的概率很大时，你下注更多；如果这张牌出现的概率很小，你下注更少。

21点玩家具体是如何计算概率的，对我们来说并不重要。重要的是，他们知道自己玩的是一种概率游戏，其中存在着很大的不确定性。对任何一手牌，他们一方面觉得自己算对的概率很大，另一方面知道算错的概率也不小。考虑到他们对21点游戏的专业性，你会觉得这有点儿奇怪，但他们的策略完全依托于这样一种自我认知——自己不知道也不可能准确知道接下来会发生什么——所以他们会根据具体情况对策略进行相应的调整。算牌之所以有效，是因为它能让概率上的优势从庄家略微向个人玩家倾斜。但即使玩家觉得情况对自己很有利，于是下了重注，一旦猜错，损失也可能非常惨重，导致他们无法继续游戏。

在任何时候，玩家都不可能有百分之百的把握去投入手中的全部筹码。这个世界不会对任何一个人那么友好——总之，这种好运是不可能持续的。你必须给自己留出犯错的空间，并为计划赶不上变化的情况做好预案。

《打败庄家》(Bringing Down the House) 一书记录了一个名叫凯文·刘易斯（Kevin Lewis）的21点玩家的成功。他如此阐述这种理念：

尽管算牌从统计学角度看是可行的，但它无法保证你每次都能猜对，更别说每次都能全胜而归了。我们必须保证手上还有足够的钱去应对运气最差的情况。

假设你的赢率比赌场的高大约 2%。这意味着赌场仍有 49% 的机会获胜。因此，你必须留有足够的钱来应对任何对你不利的波动。根据经验，你应该至少将筹码分为 100 份。比如，你有 1 万美元，那么每次都可以拿 100 美元从容地下注。

纵观历史，很多原本高明的见解都因为超过了度而变得和那些糟糕的主意没什么区别。为错误留出余地的行为的智慧就在于承认不确定性、随机性和概率——"一切未知情况"——的存在。它们是生活中永恒存在的一部分现实。应对这种现实的唯一方法是，在尽量扩大预测与实际可能发生情况的概率之差的同时，为自己留出即使预测错误也能从头再来的余地。

"安全边际"是本杰明·格雷厄姆提出的一项著名概念。他采用数学方法对这个概念进行过详细而广泛的阐述。但是关于这个理论我最喜欢的一句总结是他在一次采访中提到的，"安全边

际的目的在于让预测变得不再必要"。

话虽简单，却充满了极强的力量。

在一个由概率而非确定性决定的世界中，安全边际——你也可以把它称为"容错空间"或"冗余空间"——是唯一能保证安全的方式。而几乎所有与金钱相关的活动都在这样的世界中进行。

想做出精确的预测是很难的。这对一个算牌的玩家来说显而易见，因为没人能知道一副洗过的牌中特定牌的位置。"未来10年股票市场的平均年回报率会是多少"或"我会在具体哪一天退休"这样的问题的答案并不是显而易见的，但实际上这两个问题在本质上是一样的。我们最多能估算出概率。

格雷厄姆的安全边际理论给我们提供了一个简单的建议，那就是我们不能把眼前的世界看成黑白分明的——要么可以预测，要么全凭运气。在你可以接受可能出现的各种结果的灰色区域展开追求，才是最明智的前进方式。

但在和金钱有关的几乎所有事务中，人们都低估了容错空间的必要性。股市分析师会给客户一个目标价格，而非目标价格区间。经济预测者们会给出精确的预测数字，而很少给出宽泛的概率范围。一位给出掷地有声的准确建议的专家会拥有一大批追随者，但如果专家说"我们无法确定准确值"并只能给出一个范围，那么买账的人就寥寥无几了。[42]

在和金钱相关的各种活动中，这样的事经常发生，尤其是在我们需要自己做出决策时。哈佛大学的心理学家马克斯·巴泽曼（Max Bazerman）曾指出，在分析别人的房屋翻修计划时，大多数人都会判断实际花费会超出预算25%～50%，[43]但如果面对自己的计划，人们就会判断它会按时在预算内完成。当然，结果肯定会让他们失望。

我们不愿意留出容错空间的原因有两个。第一，我们认为一定有人知道未来会发生什么，因此承认未来的不可知性会让我们感到不舒服。第二，一旦预测成真，你就错过了充分利用该预测去采取行动的时机，会让自己蒙受损失。

但是，容错空间的概念被很多人低估和误解了。人们常常把它看成一种保守型的防御手段，认为只有那些不愿承担风险或对自己的想法不自信的人才会使用。但实际上，如果利用得当，容错空间会给你很大的帮助。

容错空间让你可以承受一系列可能的结果。拥有这种承受力后，你就可以花足够长的时间等待，从而提高低概率的回报发生在你身上的概率。巨额收益出现的频率之所以很低，一是因为这样的事不会经常发生，二是因为你需要时间来累积复利。因此那些在策略上留出了足够大的容错空间（比如留有现金），让自己能在其他方面（比如股市中）承受压力的人，就比那些一旦犯错就会输光家底、退出游戏或者不得不投入更多本钱的人更有优势。

比尔·盖茨对此深有体会。在创立微软后不久，他表示自己"想到了一个保守至极的办法，那就是要在银行里存足够多的钱。这样一来，即使公司没有了任何收益来源，我们也支付得起员工一年的工资"。2008 年在伯克希尔·哈撒韦的股东大会上，沃伦·巴菲特也表达过相似的观点。他对股东们说："我对你们、评价机构和我自己都承诺过，伯克希尔永远要有充足的现金……就算到了必须要选择的境地，我也绝不会拿一晚上的安稳觉来换赚取更多收益的机会。"[44]

对投资者来说，需要考虑容错空间的情况主要有两种。

一种是关于波动性的。如果你的金融资产减少了 30%，你还能挺过去吗？仅从数据上看，或许你还不至于陷入绝境——只要你还付得起日常开销，能保持正向的现金流。但你能保证到时候你的心态一定平稳吗？我们很容易低估 30% 的金融资产损失对自己心理产生的影响。你的信心可能在机会最好的时候严重受挫。你——或者你的另一半——或许会决定改变计划或者转行。我认识的几个投资者就因为亏损而筋疲力尽，最终选择了放弃。这是一种身体上的疲惫。数据表可以准确地告诉你资产的增减，但它们无法体现你在深夜归家后给熟睡的孩子们盖好被子，纠结着自己的投资决定是否错了，是否会影响到他们未来时的那种心情。理论上的承受力和情感上的承受力之间的差距是人们常常忽略的一种容错空间。

另一种容错空间是关于退休储蓄的。去看一看历史数据，我们就会发现，自19世纪70年代以来，美国股市扣除通货膨胀因素后的平均年回报率为6.8%。在规划退休储蓄时，你会觉得自己的多样化投资组合也有相近的收益。这当然是合乎情理的估计。你可以用这个数字来计算自己每个月需要存多少钱进账户才能实现自己的储蓄目标额。

但是，如果未来回报率降低了，怎么办？或者，历史数据对未来相对较长的一段时间的确具有参考价值，但你的目标退休日期偏偏落在惨烈的熊市期间，比如2009年，怎么办？如果未来出现了熊市，你出于担心退出了股市，因此错过了一次牛市，于是你的实际收益低于市场的平均收益，怎么办？如果在你30多岁时遭遇了一场医疗事故，需要提前兑付自己的退休账户来支付医疗费用，又该怎么办？

这一系列"如果"对你造成的影响是，你无法像自己计划中那样准时退休了。这对你来说可能是灾难性的打击。

而应对办法也很简单：在对你的未来收益进行估算时，要预留出容错空间。这种做法虽然是一种科学，却更像一门艺术。在计划我自己的投资（我会在第 20 章中详细介绍）时，对未来能获得的回报率，我的预估值比历史平均值低三分之一。所以，如果我觉得未来的情况和过去差不多，我就会储蓄更多的钱——这就是我的安全边际。未来的实际回报率可能比我预估的三分之一低更多，但毕竟不存在 100% 可靠的安全边际。三分之一的缓冲空间已经能让我在晚上安然入睡了。如果未来的情况的确和过去相似，我会感到惊喜。"获得幸福的最佳方式是把目标定得低一些。"查理·芒格这样说。非常准确的一句话。

这里有一个与容错空间相关的重要概念，我把它称为"冒险行为中的乐观偏见"或者"'俄罗斯轮盘赌在统计学上是可行的'综合征"——当不利结果无论如何都无法接受时，人们一厢情愿地认为出现有利结果的可能性更大的现象。

纳西姆·塔勒布表示："你可以热爱冒险，但要对输得精光深恶痛绝。"的确，你应该如此。

这句话的道理在于，一个人必须冒点儿险才能出人头地，但会让你倾家荡产的风险是不值得去冒的。在玩俄罗斯轮盘赌时，你的胜算的确比较大，但赌输的结果是完全不值得你去冒这种险的，因为在这种非生即死的情况下，不存在任何能为风险兜底的安全边际。

在金钱方面同样如此。从机会角度看，许多有利可图的事发生的概率对你来说是比较大的。房地产价格在大多数时间里都是上涨的，而在大多数时候，每个月你都能拿到薪水。但是，如果一件事有95%的概率成功，那么剩下的5%的失败概率就意味着在你人生中的某个时间点，你一定会遭遇失败。如果这种失败意味着输得精光，那么即使出现有利局面的概率是95%，这个险也不值得你去冒，无论它看上去多么诱人。

这里的罪魁祸首是杠杆。杠杆——以负债的方式进行投资——把常规风险扩大到了足以导致毁灭的程度。其危险在于，大多数时候的理性乐观主义会让人们忽视极端少数情况下倾家荡产的可能性。结果就是，人们在整体上低估了风险。在过去的10年中，美国房价下跌了30%，有一些公司债务违约。这就是资本主义的常态。这样的事时有发生。对那些动用了高杠杆的人来说，被市场淘汰的灾难是双重的：他们不仅倾家荡产，而且就算日后有好机会，他们也很难获得东山再起的资本了。一个在2009年被市场洗劫的购房者到了2010年不再有机会去享受低利率的房贷优势，而雷曼兄弟[①]（Lehman Brothers）再也没有机会去投资

[①] 1850年创立的全球性投资银行。2008年，雷曼兄弟由于投资失利，在收购谈判失败后宣布申请破产保护，引发了全球金融海啸。

2009年的廉价债务了。他们的游戏已经结束了。

为了解决这个问题，我把自己的钱规划成了"哑铃状"。我用一部分来冒险，保守地把持着另一部分。这其实并不矛盾，只不过关于财富的心理规律会让你感到矛盾罢了。我只想确保我能坚持足够长的时间，长到让我冒的险产生回报。你必须先生存下来，才有可能获得成功。我要再重复一下我在本书中多次提到的一个观点：随时可以做自己想做的事而且想做多久就做多久的能力，才是无限投资回报的源泉。

容错空间的作用不仅在于提高你达成预想中目标的可能性，也在于保护你免受意料之外的消极事件的伤害——这些事件有可能成为最棘手的麻烦。

第二次世界大战时期的斯大林格勒战役是历史上规模最大的战役。与这场战役同样惊心动魄的是其过程中发生的很多关于应对风险的故事。

其中一个故事发生在1942年末，当时德军的一个坦克团正驻守在城外的草地上待命。当德军前线告急，需要坦克增援时，一件惊掉所有人下巴的事发生了：几乎所有坦克都无法动弹了。

在该团的104辆坦克中，只有不到20辆还能正常行驶。工程师很快发现了问题所在。历史学家威廉·克雷格（William Craig）写道："德军在战场后方休整待命的几周时间里，田鼠钻进坦克里安了家。它们把电力系统的绝缘层啃得一干二净。"

德国人有世界上最先进的设备，然而在战场上，他们却被田鼠打败了。

你可以想象当时他们不可置信的样子。显然，没人想过会发生这种情况。又有哪个坦克设计师会想到去提防田鼠呢？只要是个正常的人都想不到。即使是研究过坦克史的人也想不到。

这样的意外却始终在发生。我们可以为想得到的所有风险做好计划，但总有一些过于不可思议的情况是我们想不到的。这些事往往会造成最大的伤害，因为它们发生的频率比我们想象中要高得多，而我们又没有预先做好应对它们的计划。

2006年，沃伦·巴菲特宣布要找到一个最终的继任者。他表示自己需要一个"天生就能识别并躲避重大风险的人，包括那些以前从未遇到过的风险"。[45]

我在我的公司"合作基金"投资过的初创公司中目睹过这种能力的影响。如果你让一位初创公司的创始人列出他们面对的最大风险，他们会提到一些常见的风险。但在经营一家初创公司会面对的那些可预见的困难之外，还有很多意想不到的困难。以下是我们投资的初创公司处理过的一些问题：

- 一家公司的水管破裂，导致水淹没了办公室，泡毁了里面的东西。
- 一间办公室遭了三次贼。
- 一家公司被制造厂拉黑了。
- 一家门店被勒令关闭，原因是一名顾客向卫生部门投诉其他顾客带狗进店。
- 在一次需要全神贯注的募捐活动中途，一家公司的首席执行官收到了欺诈邮件。
- 一家公司的联合创始人之一精神崩溃了。

这些事件中的一些对公司的未来发展造成了重要影响，但是没有一件能被事先预料到，因为对处理这些问题的管理者们来说，没有哪件事是以前发生过的，也没有哪件事在他们认识的人身上发生过。这是一个无人踏足过的领域。

想避免这些未知的风险显然是不可能的，因为你无法为自己想象不到的事做预案。

如果有一种办法可以预防这些事件造成的伤害，那就是避免"单点故障"。

生活中的大多数事情都遵从一条可靠的经验法则：任何可能出问题的事物总有一天会出问题。所以，如果很多事物都依赖某样东西，那么一旦这样东西出了问题，你就只能等着灾难降临了。这就是单点故障的含义。

有些领域已经发展出了预防单点故障的完善机制。飞机上的大多数关键系统都有备份，而备份本身还有备份。现代喷气机有四个备用的电力系统，因此可以只靠一台发动机飞行，而且理论上可以在发动机全部失灵的情况下降落，因为每架飞机只需要刹车系统就能在跑道上停下，而不需要来自发动机的反向推力。悬索桥同样可以在许多缆绳断裂的情况下不发生坍塌。

在金钱方面，隐患最大的单点故障便是短期开支全部依靠工资，而没有在计划中的开支和将来可能需要的开支之间用存款来建立缓冲空间。

我在第 10 章中介绍过一个经常被人们（即使是那些极其富有的人）忽视的技巧：你需要明白，储蓄其实并不需要一个特别的目标。如果你储蓄是为了买一辆车、一座房子，或者是为退休以后打算，这自然是好的，但为那些你无法预料甚至无法理解的事存钱同样重要——这些事就像那些啃食坦克绝缘皮层的田鼠一样，是会在你理财生涯中发生的意外。

事先对自己的存款做好分配的前提是，你能准确掌握自己将来的消费情况。实际上，并不存在这样理想化的环境。我自己存下了很多钱，但我并不知道这些钱在将来会派上什么用场。如果你的理财规划只为已知的风险做准备,那么它会缺乏足够大的安全边际,是无法经受现实世界考验的。

事实上,每个计划中最重要的部分,就是为计划赶不上变化的情况做好预案。

现在,让我来告诉你如何根据你的情况应用这个技巧。

第 14 章

人是会变的

坚持长期计划比你想象中难得多,

因为我们的目标和想法总在改变。

我有一个从小一起长大的朋友。他没有显赫的家庭背景，也没有出众的资质，却是我见过的最努力的人。这样的人身上有许多值得学习之处，因为他们对成功之路上的每一步都有着深刻的认识。

年少时，他的人生使命和梦想是当一名医生。说这个目标对他而言有些困难都已经算嘴下留情了，因为当时没有任何人觉得这个梦想有可能成真。

但他付出了极大的努力。最终，尽管他比同班同学们年长10岁，他还是成功当上了一名医生。

从一无所有开始克服一切困难，一路奋斗到了医学院，最后谋得社会上最受人尊敬的工作之一，是怎样一种成就？

几年前，我曾和他有过一次交谈。谈话内容如下：

我：咱俩好久没聊过了！最近怎么样——

他：这工作太闹心了。

我：哈哈，好吧——

他：我跟你说，太闹心了。

这样的谈话进行了 10 分钟。压力和长时间的工作负荷让他心力交瘁。看起来，15 年前的他对这个梦想有多渴望，现在的他对自己从事的这份职业就有多失望。

人类的心理存在一种基本规律：我们很难预料到自己未来的想法。

想象自己达成某个目标是一件简单而轻松的事，但想象自己在充满竞争和现实压力的环境中达成这个目标则完全是另一码事了。

而这种现象对我们确定未来理财目标的能力有着很大的影响。

每个 5 岁小男孩在成长过程中都有过开拖拉机的梦想。在一个小男孩的眼中，没有什么工作能比每天开着拖拉机，喊着"呜呜呜，嘟嘟嘟，大拖拉机来啦"更美好的事了。

然后，很多小孩长大了，开始意识到或许拖拉机驾驶员并不是最好的职业，或许自己应该追求一些更受人尊敬或收入更高的职业理想。

所以，等到十多岁时，他们又梦想着可以成为一名律师了。此时此刻，他们觉得——并且相信——自己的人生规划已经确定。所以，现在就开始朝着法学院努力并攒学费吧。

然而，等他们真成为律师后，每天过长的工作时间会让他们连家人的面都难得一见。

此时他们又开始想，自己或许应该从事一份收入不高但时间灵活的工作。换工作后，他们又会发现请人育儿的开销实在高得离谱，占了工资的很大一部分，于是他们选择成为一名全职家长。他们最终认为，这才是自己正确的选择。

然而，到了70岁时，他们又会发现因为长期没有工作，现在自己没有退休金来安度晚年了。

我们中很多人的人生轨迹都会如此曲折。据美联储统计，大学毕业生中只有27%从事的工作与自己的专业相关。[46]全职家长中有29%拥有本科学历。[47]当然，很少会有人后悔自己接受过高等教育，但是我们应该承认，一个30多岁的新手父母对人生目标的规划是18岁时的他或她无法想象的。

长远的理财规划是非常重要的一件事，但事物总是在变化——我们周围的世界在变，我们的个人目标和追求也在变。说"我不知道未来会怎样"是一回事，承认现在的自己不知道未来的自己想要什么则是另一回事。事实上，很少有人能知道未来的自己会怎样。如果你未来的想法可能改变，那么你就很难做出长期决定并坚持下去。

人们能敏锐地意识到自己相比过去发生的变化，但很容易低估自己的性格、想法和目标在将来会发生的变化。心理学家把这一现象称为"历史终结错觉"（The End of History Illusion）。哈佛大学的心理学家丹尼尔·吉尔伯特（Daniel Gilbert）曾说：

> 在我们生命中的每个阶段，我们都会做出一些决定。这些决定会深刻地影响我们未来的生活。当我们实现了曾经的梦想后，我们并不总会对自己当初的决定感到开心。所以我们看到，青少年花了大价钱文身，在长大后又要花大价钱洗掉；有人年轻时急着和某人结婚，上了年纪后却盼着和同一个人离婚；有人中年时努力想得到的东西，年老后却又拼命想放弃……这样的例子不胜枚举。[48]

"我们所有人，"他说，"都带着一种幻觉在生活。这种幻觉让我们以为，历史——我们个人的历史——刚刚尘埃落定。我们刚刚成为那个我们命中注定要成为的人，且余生中再也不会改变了。"我们似乎永远也不会意识到自己始终在变化的这个事实。吉尔伯特在研究中发现，下至18岁、上至68岁的人都会低估自己未来会发生的改变。

让我们来看看这种现象是如何影响长期理财计划的。查理·芒格曾表示，复利的第一条原则是：除非万不得已，永远不要打断这个过程。但当你的生活目标发生了改变时，你与理财相关的计划——比如你的职业规划、投资、消费、财务预算等等——怎么可能不跟着改变呢？不改变很难。罗纳德·里德——前文中那位富有的门卫——和沃伦·巴菲特这样的人之所以能那么成功，部分原因是他们可以几十年如一日地坚持做一件事，让复利的雪球越滚越大。但在一生当中，我们绝大多数人的想法都在不断变化，因此我们不愿意几十年如一日地去做同一件事，甚至也不愿意做类似的事，所以我们的理财生涯不会是铁板一块的 80 年，或许应该被分成 4 个相互独立的 20 年。

我认识的一些年轻人特意选择了工资不高的清贫生活，但他们很喜欢这种生活方式。也有一些人为了过上奢侈的生活而拼命工作，而他们同样热爱这种生活方式。人选择这两种生活都存在风险——前者可能要面对无法养家糊口或安度晚年的结果，后者可能会面对把大好的青春时光浪费在格子间里的悔恨。

这种问题并没有简单的解决办法。如果你告诉一个 5 岁小男孩，他长大后应该去当律师而不是去开拖拉机，他心里会有一万个不同意。

即便如此,你在做长期决定时,牢记两个原则是不会有错的。

我们应该避免极端的财务规划目标。

无论你是觉得自己收入微薄也能过得很幸福,还是认为自己应该为了优越的生活目标而把每一分钟都投入工作,你都要知道,这两种极端想法都会提升你在未来某一天感到后悔的可能性。"历史终结错觉"之所以能长期存在,是因为我们有适应绝大多数情况的能力,所以一个极端的计划在你看来的优点——一无所有的简单或者拥有一切的满足——实际上是会逐渐消失的。与之相对的是,极端计划的缺点——退休生活无着落或者在回首过去时发现自己浪费了一生去追逐金钱——则会成为一个人心中永远的遗憾。当你放弃了曾经的计划,觉得自己必须以两倍的速度朝反方向全力奔跑才能弥补失去的时光时,这种遗憾会格外明显。

只有当你能给一项计划数年或数十年的时间去成长时,复利的效应才能得到最佳体现。这个道理不仅适用于储蓄,也适用于事业和人际关系。坚持才是关键。当你考虑到自己的想法会随着时间发生改变这一点,在生活中的每个节点力求均衡就成了一种避免将来后悔、尽量延长坚持计划的时间的策略。

无论在工作生涯的哪个节点,都要定下这样均衡的目标:每年做好适中的储蓄，给自己适度的自由时间，让通勤不超过适当的时长，至少花适量的时间来陪伴家人。这样一来，即使这些方面中的哪一项走向了极端，你也更容易坚持自己的计划，降低未来后悔的可能。

我们还应该慢慢接受自己的想法一直在改变的事实。

我遇到的一类最痛苦的打工者，是那些仅仅因为18岁上大学时选择了某个专业就认定自己要做这个领域内的工作的人。当你了解"历史终结错觉"这个概念后，你就会意识到，你在刚满可以饮酒的年龄时选择的工作，你到可以拿退休金的年纪时依然喜欢它的概率是很低的。

应对这种现象的方式是，接受事物在不断改变的事实，并在需要应变的时候尽快行动。

《华尔街日报》投资专栏的撰稿人杰森·茨威格曾协助心理学家丹尼尔·卡尼曼撰写其代表作《思考，快与慢》。茨威格讲过一个关于卡尼曼的怪癖的故事。这个故事让他受益匪浅。茨威格写道："最让我感到惊讶的是，丹尼[1]有时候会彻底推翻我们刚

---

[1] 丹尼尔的昵称。

刚写完的内容。"他和卡尼曼常常对一章内容进行不厌其烦的反复修改，但是：

> 下一刻你就会发现，（卡尼曼）发来了一个彻底重写过的版本。你已经认不出它来了：开头和结尾都完全不同，里面提到的轶事和证据是你从没想过的，引用的研究也是你从没听说过的。

"当我问丹尼他为什么可以彻底推翻前一版，就好像它不存在时，"茨威格说，"他说的话我永远都忘不了：'我没有沉没成本。'"[49]

在一个人人都随着时间改变的世界上，沉没成本——过去的决策导致的无法收回的支出——就像一头拦路虎。它让我们把未来不一样的自己变成了过去那个自己的囚犯。这就相当于在让一个陌生人为你做出人生中的重大决定。

当你变成了一个不同的自己后，你应该当机立断地放弃过去的财务目标，而不是勉力维持这种已经过时的目标。这才是把未来后悔的可能性降至最低的上佳策略。

只有尽快做出必要的改变，你才能尽快让复利继续滚起来。

接下来，我们来看看如何获得复利效应的"入场券"。

第 15 章

世上没有免费的午餐

万物皆有定价,

只不过有些不会写在标签上。

世间万物皆有定价。因此，面对与金钱相关的很多事物，关键是明确它们需要你付出什么，然后判断自己是否愿意为之买单。

问题就在于，很多事物的价格并不摆在明面上，你只有在亲身体验后才会知道是多少，但到了那时，一切为时已晚。

2004年，通用电气公司（General Electric）还是当时世界上最大的公司，市值超过3,300亿美元。在这之前的10年里，其市值每年不是全球第一，就是第二——资本主义大企业中的模范。

接下来，一切都灰飞烟灭了。

2008年的金融危机让通用电气的金融部门陷入了混乱——公司超过一半的利润由该部门贡献。最终，金融部门被低价卖出。随后，公司在石油和能源方面的押注也成为一场灾难，造成了数十亿美元的损失，并使公司股价从 2007 年的 40 美元一路跌到了 2018 年的 7 美元。

直接而严厉的指责落在了从 2001 年起执掌公司的首席执行官杰夫·伊梅尔特（Jeffrey Immelt）头上。人们批评他领导不力，指责他进行收购、削减股息以及裁员的行为，当然还怪他的决策导致股价暴跌。这样的怪罪是很正常的：那些曾站在时代的风口收获巨额财富的人，理应在经济环境变差后承担相应的责任。2017 年，伊梅尔特卸任了。

他在离任时说的一些话很值得我们回味。

人们曾批评他的做法错误，说正确选择明明就摆在他的面前。作为回应，伊梅尔特告诉他的继任者："任何工作在旁观者看来都很简单。"

之所以任何工作在旁观者看来都很简单，是因为当局者要面对的挑战常常是旁观者看不见的。

短线投资群体、监管机构、工会以及盘根错节的官僚机构提出了无数混乱、冗余又彼此冲突的要求。这些情况本身就难以应对，而且没有亲手处理过这些问题的人很难意识到其严重性。伊梅尔特的继任者对此深有体会，而他的任期也只维持了 14 个月。

大多数事情的理论都很简单，实践起来却很困难。这有时是因为我们过度自信,更多时候则是因为我们不善于确定成功的代价是什么,最后才发现自己付不起它。

标普 500 指数在截至 2018 年的 50 年中上涨了 119 倍。可见你需要做的只是坐下来安心等待,看着你的财富因为复利不断增长。当然,当你不是那个成功的投资者本人时,他的成功从表面上看确实很简单。

"你需要长期持股。"人们会这样告诉你。这自然是个好建议。

但是,你知道当股市暴跌时,依然坚持长期计划有多难吗?

像其他一切有价值的东西一样,投资的成功需要投资者付出相应的代价,但衡量这种代价的不是金钱,而是波动、恐惧、怀疑、不确定感和悔恨——如果你不是那个直接面对它们的人,这些代价都容易被你忽视。

因为没有认识到投资需要付出代价,我们总会期望不劳而获,而这就像入室抢劫一样,不会得到好结果。

假如你想买一辆价格为 3 万美元的新车,那么此时你有三个选择:一、花 3 万美元买这辆新车;二、买一辆便宜点儿的二手车;三、偷一辆。在这种情况下,99% 的人都知道不能选择第三种,因为偷车的后果比前两种要严重得多。

但是，假如你想在接下来的 30 年中每年获得 11% 的投资回报，为的是在退休后生活无忧，这样的回报会是免费的吗？当然不会，因为世界从来都不会这样美好，这种好事一定附有相应的"价格"，有"账单"需要你支付。作为投资者，你会受到市场无尽的嘲讽：它会赠予你巨大的回报，但又会迅速将其从你手中夺走。算上股息，道琼斯工业平均指数（Dow Jones Industrial Average）1950 年到 2019 年的平均回报率约为 11%。这是相当了不起的，但在这段时间内，成功的代价却高得可怕。下图中的阴影部分代表的是该指数比此前历史最高点低至少 5% 的时候（见图 15.1）。

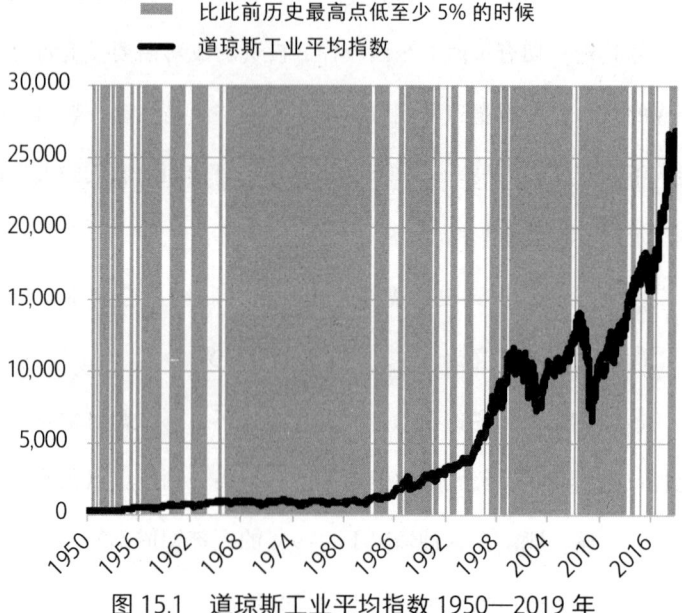

图 15.1 道琼斯工业平均指数 1950—2019 年

这就是你需要为获得市场回报付出的代价。回报要向你收取这么多费用，就像要购买入场券一样，而这笔钱会让许多人痛不欲生。

像绝大多数产品一样，回报越高，需要付出的代价就越大。网飞公司的股价在2002年到2018年间翻了350多倍，但在94%的时间里，其交易价格都低于此前的高点。魔爪能量饮料公司（Monster Beverage）股票在1995年到2018年间的回报率翻了319倍，是历史上回报率最高的公司之一，但在此期间95%的时间里，其交易价格都低于此前的高点。

重点来了。就像我刚才举的关于买车的例子一样，你在这种情况下同样有几个选择：你可以付出相当于购买新车的代价，接受股市的不确定性和剧烈起伏；你也可以寻找确定性高但回报率低的投资对象，就像买一辆二手车一样；你也可以像偷车贼那样一边尝试获得回报，一边幻想着逃避随之而来的波动。

很多投资者都选择了第三种做法。他们仿佛一种动机积极又守法的偷车贼，想出各种技巧和策略，期望在不付出代价的情况下获得回报。他们频繁地进行交易，试图在下一次经济衰退前卖出，然后在下下次经济繁荣前买进。大多数投资者——包括那些投资经验不丰富的——都知道，波动是投资行为中必然会遇到、极频繁发生的情况。于是许多人选择了看似符合逻辑的应对方法：试图逃避波动。

但财富之神并不青睐那些只求回报却不愿付出的人。有些偷车贼的确能逍遥法外，但大多数只会被逮捕并受到严惩。

投资也是这样的。

晨星公司（Morningstar）曾研究过进行战术性资产配置的共同基金的表现，这种基金的策略是抓住合适的时机在股票和债券之间进行切换，从而在下行风险较低时获得市场回报。[50] 可以说，这种策略希望在不付出代价的情况下获得回报。这项研究关注的时间段是从2010年中期到2011年晚期。当时的美国股市因为人们对新一轮经济衰退的担忧而大幅下跌，标普500指数的跌幅超过了20%。这正是战术性资产配置的基金能够大显身手的时候。它的光辉时刻到了。

根据晨星公司的统计，在此期间市场上共有112只进行战术性资产配置的共同基金，其中只有9只的风险调整回报率高于"60股票/40债券"的投资组合，而此类基金中将近四分之一的最大跌幅低于指数基金的。晨星公司写道："除了少数几只基金，（进行战术性资产配置的基金）比指数基金收益更少，波动更大，和指数基金面临同样大的下行风险。"

个人投资者在做投资选择时也会落入这种陷阱。根据晨星公司的数据，股票型基金投资者每年的实际收益表现比他们所投资的基金低 0.5 个百分点——这是他们频繁买进和卖出的结果。也就是说，他们如果想获得更高收益，本该在买进后长期持有该基金。[51]

投资者原本试图规避这份代价，结果却付出了双倍的代价。这真是很有讽刺性的一件事。

让我们再来看看通用电气公司。它的问题之一是前首席执行官杰克·韦尔奇（Jack Welch）。韦尔奇总能让公司的季度每股收益超过华尔街的预期，因此声名远扬。他在这方面是顶级大师。如果华尔街分析师预测的每股收益是 0.25 美元，杰克就会给出 0.26 美元，无论公司经营状况或当下经济形势如何。他是通过修改数据来达到目的的——这种说法已经算委婉了——通常做法是把未来季度的收益挪到当前季度，让这些言听计从的数字来为它们的主人服务。

《福布斯》曾报道过诸多事例中的一个："通用电气公司连续两年将机车'出售'给不具名的金融合作伙伴，而非终端用户。这就把大部分所有权风险留给了公司本身。"[52]

韦尔奇从未否认过这样的伎俩。在《杰克·韦尔奇自传》（*Jack: Straight From the Gut*）中，他写道：

> 我们的公司领导者对危机的反应完全体现了通用电气的

公司文化。尽管本季度账目已结清，许多人还是立即提出要填补（收益）缺口。一些人表示，他们可以从业务中找出额外的1,000万、2,000万甚至3,000万美元来填补意外的亏损。

结果就是，在韦尔奇的领导下，股东们不必付出本该付出的代价。他们的收益一直像预料中一样稳定——这只股票年复一年地飙升，其间没有任何体现不确定性的意外波动出现。然而，账单的期限终归还是到了，毕竟代价就在那里，总有一天要支付。实际上，通用电气公司的股东们在10年间始终在大量亏损，但此前这些亏损都被公司的会计操作掩盖了。韦尔奇时代靠耍小聪明"赚得"的蝇头小利最终累积成了巨额的亏空。

关于这个道理，最奇怪的例子来自已经破产的抵押贷款巨头房地美（Freddie Mac）和房利美（Fannie Mae）。21世纪的头几年，它们被发现少报了数十亿美元的当期收益，目的是将这些收益分散到未来的时间段内，好让投资者们产生投资收益稳定并可预测的错觉。[53]这就是一种认为不必付出代价就能获得回报的错觉。

那么，问题就来了：为什么那么多人心甘情愿地为汽车、房子、食物和假期买单，却千方百计地逃避获得丰厚的投资回报需

要付出的代价？

答案很简单：投资成功需要付出的代价是我们无法立刻看到的。它不会被直观地写在标签上。所以，当你需要支付这种账单时，你会觉得这笔钱并不是为购买好东西而支付的价钱，反倒更像做错事后必须缴纳的罚款。虽然在人们看来，付账是很正常的事，缴纳罚款却是应该避免的，所以人们觉得应该采取某些明智的预防措施，让自己避免受罚。无论是来自交警还是国税局的罚款都意味着你做错了事，应该受到惩罚，因此对那些看到自己财富减少就认为是交了罚款的人来说，去逃避未来可能产生的罚款不过是一种自然反应罢了。

把市场波动看作要支付的价钱而不是该缴纳的罚款的视角看似微不足道，却是培养正确理财心态的重要部分。这种心态可以让你坚持一项理财策略足够久，最终获得长期的投资收益。

很少有投资者拥有能说出"就算亏损20%，我也能承受"的胆识。那些从未体验过20%跌幅的新手中这样的人更少。

但是，如果你把波动看作要买的入场券，情况就会完全不同。

迪士尼乐园的门票是100美元，但付出这笔钱后，你和孩子们会度过终生难忘的美好一天。2020年，超过1,800万人觉得这100美元物有所值，很少有人觉得它是一种惩罚或者一笔罚款。当你清楚自己在为购买某物付款时，这笔钱的价值就是显而易见的。

投资也是如此。几乎所有波动都是一种费用，而非一笔罚款。

市场回报永远不会是免费的，现在不是，将来也不会是。你需要支付一定的费用，就像要花钱购买一件产品一样。你不是被迫支付这笔费用的，就像你不会被迫去迪士尼乐园一样。你也可以去门票可能只有 10 美元的本地市集，或者待在家里，那就一分钱也不用花了。无论去哪里，你可能都会度过美好的一天。但是，你花的钱和你获得的回报通常都是相符的。股市也是一样。它的波动和不确定性让你付出的费用——获得回报需要付出的代价——是你为获得比储蓄和债券带来的低回报更高的收益而要购买的入场券。

所以，正确应对波动和不确定性的唯一方法就是理解这笔费用是物有所值的——你需要做的不是忍受惩罚，而是认识到这是一笔值得支付的入场费。

不过，付过入场费也不能保证你就一定会收到回报，正如你去迪士尼乐园也会不巧赶上下雨天一样。

但如果你把这笔入场费看作一笔罚款，你就永远感受不到它的神奇之处了。

所以，你要发现这笔费用是什么，然后去支付它。

第 16 章

每个人的情况不同

不要贸然从那些和你情况不同的人

身上学习理财经验。

在 21 世纪的头几年，互联网泡沫的破裂让美国的家庭财富缩水了 6.2 万亿美元。

而房地产泡沫破裂后，蒸发的美国家庭财富则超过了 8 万亿美元。

金融领域的泡沫对社会的破坏性是永远不会被高估的。它毁掉了太多人的生活。

为什么会发生这些事？

为什么它们会不断发生？

为什么我们无法从中吸取教训？

对这些问题的一个常见回答是：人本贪婪。贪婪是人性中一个难以消灭的弱点。

这个回答或许是对的，至少对大多数人来说是非常合理的。但还记得我在第一章中谈到的道理吗？没有人会真的对钱失去理智。人们常常在缺乏足够信息和不讲逻辑的情况下做出一些理财决定，之后又悔不当初。但站在他们当时的角度来看，这些决定是有道理的。如果将泡沫归咎于人性的贪婪并止步于此，我们便会错过重要的一课：人们为何并如何合理化在事后看来出于贪婪的决策。

人们很难从泡沫中吸取经验的原因之一是，泡沫不像癌症，不能通过活体组织检查得出明确的诊断并做出预警。它们更接近一个政党兴起与衰落的情况——结果在发生后才能明确，但人们永远无法就某种结果的原因和责任归属达成一致。

围绕着投资回报的竞争是非常激烈的，而在某个时间点，总有某个人想把别人的财富收入囊中。这意味着"泡沫"这个概念会带来持续的争议，因为没有人希望自己的金融资产被高估。而等一切尘埃落定后，我们更有可能做的是冷嘲热讽，而不是从结果中吸取教训。

在我看来，我们很难对泡沫发生的原因做出令人满意的解释。这就像问为什么战争会发生一样——人们一般会列举出许多原因，但其中很多相互矛盾，而且所有原因都存在争议。

这是一个复杂的问题，很难用简单的解释来回答。

但在这里，我想提出一个常常被人们忽视，但非常适用于个人投资者的解释。这个解释是：投资者们总是会天真地向那些和自己情况不一样的人学习理财经验。

有一种观点在金融领域中始终存在。它看似无关紧要，却造成了不可估量的伤害。

这种观点认为，在这个人们的投资目标和投资周期各不相同的世界里，金融资产都有一个合理的价格。

问问你自己：你今天应该为谷歌公司的股票付多少钱？

这个答案取决于"你"是谁。

你想在未来的 30 年里做长线理财规划吗？如果是这样，那么你需要对谷歌未来 30 年的现金流折现值进行冷静的分析，然后才能得出你认为应该支付的合理价格。

你打算在 10 年内套现吗？如果是这样，那么你需要去分析科技行业在未来 10 年内的发展潜力，以及谷歌管理层能否实现他们的愿景，然后才能得出你认为应该支付的合理价格。

你打算在 1 年内就卖出股票吗？那么你需要关注谷歌目前的产品销售周期，以及是否会出现熊市。

或者，你是一个日内交易者吗？如果是，那么价格高低对你来说是无关紧要的，因为你只想在从上班到午休这短短的时间段里快速赚点儿小钱，无所谓股票价格是多少。

当投资者的目标和时间规划不同时——在任何一种投资中都会出现这种情况——在一个人看来不合理的价格在另一个人看来也许是可以接受的，因为他们各自关注的因素是不同的。

让我以 20 世纪 90 年代的互联网泡沫为例。

看着 1999 年雅虎公司的股价，人们一定会说："这太疯狂了！收益高得吓人！这样的估值太离谱了！"

但在 1999 年，购买雅虎股票的很多投资者做的都是短线投资，所以即使价格高得离谱，他们也可以接受。无论雅虎是 5 美元还是 500 美元一股，只要股价在一天内的走势是向上的，一个日内交易者就能实现自己的目标。情况也的确如此，并一连持续了数年。

金融领域内的一条铁律是：金钱会追逐回报的最大化。如果一种金融资产的续航能力优秀——它已经持续上涨一段时间了——那么短线投资者们认为这种趋势会持续的想法并没有什么不妥。它当然不会永远涨下去，但只要在他们需要的时间段持续上涨就可以了。而这种向上的动量以一种合乎情理的方式吸引着短线投资者入场。

然后，一切就开始加速了。

当短期回报的动量吸引了足够多的资金，使投资者的主体从长线投资者变为短线投资者时，泡沫就开始形成了。

这个过程具有内在的动力。当交易者推高短期回报，更多的投资者就会开始入场。不久之后——通常时间都不会太久——短线投资者就成了最有权威的股市定价者了。

泡沫与估值上升的关系不大。它体现的其实是另一种情况：随着越来越多的短线投资者入场，交易周期变得越来越短。

一种普遍观点是，互联网泡沫期是一段对未来持非理性乐观态度的时期。在那时，最常见的头条新闻之一就是单日的交易额——一天中买卖双方的交易总额——又创下了纪录。投资者，尤其是定价者们，并没有考虑过未来 20 年会怎样。1999 年，共同基金的年换手率是 120%，意味着他们最多会考虑接下来 8 个月的情况。那些购买共同基金的个人投资者也是如此。玛吉·马哈尔（Maggie Mahar）在《牛市》(*Bull!*) 中写道：

> 到了 90 年代中期，新闻界已经用每 3 个月就会发布一次的报道代替了盘点金融产品的年度清单。这一变化促使投资者们开始关注金融产品的业绩表现，于是人们就在清单中排名前列的基金价格最高的时候争先恐后地买入了它们。

那是一个属于日内交易、短期期权交易和时刻更新的市场盘点的时代。这些东西是不会让你想到长线交易的。

同样的情况也出现在 2005 年左右的房地产泡沫中。

如果你打算斥 70 万美元巨资在佛罗里达州买一套批量建造的两居室住宅①供自家人在接下来的 10 年里居住，这很难说是一种理性的选择。但如果你计划几个月后就将房子转手卖出，在一个房价上涨的市场上快速获利，那么你的决定就很合理。这正是很多人在泡沫当中所做的事。

一家追踪美国房地产交易的公司安腾（Attom）提供的数据显示，在房地产泡沫时期的美国，在 12 个月里交易次数超过 1 次（即又被买房者转手卖出）的房屋的数量增加了 4 倍多，从 2000 年第一季度的 2 万套上升到了 2004 年第一季度的 10 万多套。[54] 泡沫破灭后，这一数据急剧下降到了每季度 4 万套，此后基本一直保持在这个水平。

你认为炒房客会关心长期的房价租金比，或者上涨的房价是否得到了长期收入增长的支持吗？当然不会了。这些数字和他们在玩的游戏无关。对炒房客来说，唯一重要的事只有下个月的房价比这个月的高。在很多年里，房价的确每个月都在水涨船高。

对这些投资者的行为，你可以进行很多分析。你可以称他们为投机者，你可以说他们不负责任，你可以对他们甘冒巨大风险

---

① 指开发商在某一片地区内建造的许多外观相似、规模统一、价格适中的住宅。

的意愿表示不赞同。

但是，我并不觉得你可以认为他们中的所有人都不理智。

泡沫之所以会形成，并不是因为人们在非理性地参与长期投资，而是因为人们在某种程度上堪称理性地转向短线交易，以追逐不断滚雪球式增长的积极动量。

当这种动量效应创造了潜在的、巨大的短期回报时，你觉得人们会怎么做？坐下来静静地当一个看客？显然不可能，因为世界不是这样运行的。人都是逐利的。在短线投资者所处的领域，长线投资需要奉行的理念——尤其是关于估值的——被人们忽视了，因为这些理念与短线投资者参与的游戏无关。

事情到这里就变得有趣了，而问题也开始出现。

长线投资者和短线投资者玩的是两种截然不同的游戏。于是，当长线投资者开始向短线投资者取经时，泡沫的危害就出现了。

1999年，互联网公司思科（Cisco）的股价上涨了300%，达到了每股60美元。按照这个价格，思科的估值为6,000亿美元。这是一个让人感到不可思议的数字。很少有人真觉得它值这么多钱，而当时的短线投资者只是在通过炒高其股价获利罢了。经济学家伯顿·马尔基尔（Burton Malkiel）曾指出，这一估值的隐含增长率意味着思科的市值在20年内将超过美国的经济总量。

但回到1999年，如果你是当时的一名长线投资者，每股60

美元是思科股票的唯一价格，很多人都在以这个价格购买，那么你或许会环顾四周，然后对自己说："哇，也许其他投资者知道一些我不了解的内幕。"也许你就选择了从众。你甚至可能觉得自己很聪明。

你没有意识到的是，那些决定股票边际价格的交易者和你玩的并不是同一个游戏。对那些交易者来说，每股60美元是一个合理的价格，因为他们的计划是在当天结束前卖出股票，而那时的价格可能会比他们买入时高。但如果你是打算长期持股的，60美元的价格对你来说意味着一场即将到来的灾难。

这两种投资者甚至都不知道对方的存在，但是他们身处同一个地方，朝着彼此跑去。当他们因互不知晓而迎面相撞时，就会有人受伤。很多金融和投资决策都建立在对他人的观察、模仿或与他人对赌的基础上，但如果你不知道为什么有些人会那样做，你就不知道他们那种行为会持续多久，什么会让他们改变主意，或者他们是否会吸取教训并做出调整。

当美国消费者新闻与商业频道（CNBC）的一名评论员告诉你"你应该买这只股票"时，你要记住，他们并不知道你是谁。你是一个拿炒股当游戏的青少年，一个预算有限又失去了老伴的老人，还是一个想在季度结束前提升一下业绩的对冲基金经理？我们是否应该觉得这三种人考虑问题的优先顺序是一致的，并认为某只股票的交易价无论多高，对他们每个人都是合理的？

这样想就太可怕了。

我们很难想到其他投资者的投资目标和我们的不同，因为我们的心理中存在一种刻板印象，意识不到其他理性的人可能通过和我们不同的视角看世界。持续上行的股价会让所有投资者心痒难耐，连最优秀的市场营销者也会对它的力量艳羡不已。它就像毒品一样，会将原本对价值敏感的投资者变成天真的乐观主义者，让他们受到其他人行动的影响而脱离了自己的实际，完全意识不到其他人玩的游戏和自己的不一样。

受投资理念与你不同的人们的影响后，你还会放弃自己原有的消费理念。要知道，规模非常庞大的消费支出，尤其在发达国家，都是由社会因素驱动的：你会受到你仰慕的人们的潜移默化的影响，而你之所以像他们那样消费，是因为你在内心深处也希望别人仰慕你。

但是，尽管我们能直观地看到别人在汽车、住房、服装和度假方面花了多少钱，我们却不知道他们有怎样的目标、担忧和抱负。如果一名年轻律师想成为知名律师事务所的合伙人，他或许需要好好打理自己的形象，但作为一名作家的我却没有这种需求，而是穿运动裤就可以。可是，如果我受到他的影响，开始效仿他，我就走上了一条很可能让我失望而归的道路，因为我在花了这些钱以后也不会换来他那种事业上的提升。我和他甚至都谈不上风格有差异，只不过是站在两种不同的游戏场上罢了。我是花了很多年才明白这个道理的。

我们应该从这里学到的一点是：在理财方面，很少有什么事比明确自己的投资目标且不受他人活动和行为的影响更重要。

我能给你的关键建议是：尽可能努力明确自己玩的是什么游戏。

令人惊讶的是，能明确这一点的人实际上少之又少。我们把每个进行投资理财的人都称为"投资者"，就好像他们都是篮球运动员，玩着相同的游戏，遵循着相同的规则一样。但当你意识到这种观念错得多么离谱时，你就知道明确自己玩的是什么游戏是多重要的一件事了。我会在第20章详细介绍我自己是如何投资的，但在多年前，我曾这样总结我的理财哲学："我是一名被动的投资者，但对这个世界创造货真价实的经济增长的能力持乐观态度。我相信在接下来的30年里，这种增长会让我的财富不断增加。"

这段话看起来或许有些奇怪，但是一旦写下了这样的宣言，我就意识到所有与其无关的因素——今年的市场走势如何，或者明年是否会出现经济衰退——都不是我玩的游戏的一部分。所以，我不会去关注这些事，自然就不会陷入被这些事左右的危险之中。

接下来，我们来谈一谈悲观主义。

— 第 17 章 —

悲观主义的诱惑

乐观主义就像花言巧语的推销员,

而悲观主义仿佛提供帮助的好心人。

出于一些我无法理解的原因，人们总喜欢听别人说这个世界要完蛋了。

——经济史学家戴尔德丽·麦克洛斯基（Deirdre McCloskey）

对绝大多数人来说，保持乐观都是最好的选择，因为这个世界在大多时候对大多数人来说都是越变越好的。

不过，悲观情绪在我们心中占有特殊的位置。悲观情绪不仅比乐观情绪更普遍，听起来也显得更明智。悲观主义在认知上具有一种吸引力，因此人们对它的关注超过了对乐观主义的，而后者往往被看作忽视风险的表现。

在进一步讨论之前，我们先来定义一下什么是乐观主义。

真正的乐观主义者并非相信一切都会变得很好——那就变成盲目自信了。乐观主义是一种信念，相信就算过程中充满坎坷，随着时间过去，你心目中好结果出现的概率也比坏结果出现的概率大。乐观主义的基础是一个简单的道理：大多数人早上醒来后的第一个念头都是要更好、更有效地做事，而不是要搞破坏。这个道理并不复杂，也不是万无一失的，只不过在大部分时候，对大多数人来说，这都是最可能发生的。已故的统计学家汉斯·罗斯林（Hans Rosling）用另一种说法阐述了同一个道理："我不是一个乐观主义者。我只是一个非常严肃的可能主义者。"

现在，我们来说说乐观主义的孪生兄弟——悲观主义。人们总是更愿意相信它。

时间是 2008 年 12 月 29 日。

现代史上经济最糟糕的一年即将结束。此时，全世界的股市都已经崩盘。全世界的金融系统每天都在生死边缘徘徊。失业率在飙升。

当情况看起来不可能变得更糟时，《华尔街日报》发表的一篇故事声称，真正糟糕的阶段还没有到来。该报在头版刊登了一篇文章，援引了一名俄罗斯教授伊戈尔·帕纳林（Igor Panarin）对经济形势的看法——那简直可以媲美科幻小说作家的想象了。

《华尔街日报》写道：

（帕纳林）提出，大约在2010年6月底或7月初，美国将分裂为6个部分——阿拉斯加将重新被俄罗斯控制（……）加利福尼亚州将成为他口中的"加利福尼亚共和国"的中心。得克萨斯州将成为"得克萨斯共和国"的中心。这个共和国由几个州组成，都将并入墨西哥或受到墨西哥的庇护。华盛顿特区和纽约将成为"大西洋美国"的一部分，并加入欧盟。加拿大将占领美国北部的一些州，而这些地区被帕纳林称为"北美中部共和国"。夏威夷在他看来会成为日本的保护国，而阿拉斯加将回到俄罗斯的怀抱。[55]

这可不是发表在私人博客上的胡言乱语或某些小众组织推送的阴谋论，而是刊登在全球最负盛名的财经报纸头版的文章。

对经济持悲观态度是没问题的，哪怕觉得世界末日要来了都可以。历史上许多国家遭遇的不仅有经济衰退，还有国家解体。

帕纳林提出的这类观点的有趣之处在于，它的另一个极端——过分乐观的预测——却很少像悲观预言那样被认真看待。

以20世纪40年代末的日本为例。日本在第二次世界大战中的战败使其在经济、工业、文化和社会等方面都遭受了重创。而1946年的严冬引发的饥荒则让每个日本人每天摄入的热量不足

800大卡。[56]

想象一下，在这种时候，报纸上刊登了日本学者撰写的一篇这样的文章：

> 请大家振作起来吧。我们将在有生之年看到如下变化。我们的经济体量和战争结束前相比增长了近14倍。我们的人均寿命几乎会翻一番。我们的股市将带来历史上任何国家都难得一见的回报。在接下来超过40年的时间里，我们的失业率都不会高于6%。我们将在电子产业创新和企业管理系统领域成为世界上的领导者。用不了多久，我们就会变得很富有，将在美国拥有一些最昂贵的房地产。而且，美国人将成为与我们联系最紧密的盟友，并将努力借鉴我们在经济方面的一些远见。

发表这类言论的人会立即遭到其他人的嘲笑，并会被要求去医院看看脑子。

请记住，上面这段文字描述的是第二次世界大战之后的那一代日本人的真实经历。这种和帕纳林的论调恰恰相反的乐观视角在某种程度上让人感到很荒诞，可悲观论调却让人感到它是很可能发生的。

悲观论调听起来似乎比乐观论调更富有智慧,所以也更具说服力。

如果你告诉人们一切都会变得很好,他们可能会不以为然,或者用怀疑的目光看着你。但如果你说他们正处于危险中,你就会获得他们的全部注意力。

如果一个向来头脑聪明的人告诉我,他选的一只股票的价格明年会翻10倍,我会毫不犹豫地将其当作痴人说梦。

但如果一个总是糊里糊涂的人告诉我,我持有的一只股票的价格会因为该公司被曝光做假账而大跌,我会放下手头全部工作,认真听他说的每一个字。

如果你发表了我们将面临严重经济衰退的言论,会有媒体打电话联系你;如果你说经济增速将一如既往,没有人会多看你一眼。如果你说我们距离下一次大萧条不远了,会有电视台请你去做节目;但如果你说经济前途一片光明,或者市场还有继续发展的空间,或者一家公司有巨大的发展潜力,评论人士和旁观者的普遍反应可能是认为你不是打算营销什么,就是对风险无知到了可笑的地步。

多年来,财经媒体深谙这一规律。如今的媒体上充满了对未来的悲观论调,但这些论调出现的背景是,在过去的一个世纪中,股市市值增长了1.7万倍(包括股息)。

在金融之外的领域,情况同样如此。马特·里德利(Matt Ridley)在《理性乐观派》(*The Rational Optimist*)一书中写道:

> 持续敲响的悲观主义鼓点会盖过任何有关胜利的赞歌……如果你说世界一直在变好,人们会觉得你很天真,对外部世界的变化浑然不知。如果你说世界将出现向好的转变,人们会觉得你的疯狂令人发指。相反,如果你说一场灾难即将来临,你可能会被授予麦克阿瑟天才奖,甚至诺贝尔和平奖。在我成年以后……人们崇尚悲观主义的原因发生了变化,但悲观主义情绪始终存在。

"我采访过的每一类人群都觉得世界比实际情况更可怕,更残酷,更令人绝望——简言之,更大起大落、变幻莫测。"汉斯·罗斯林在《事实》(*Factfulness*)一书中这样写道。

如果你能意识到在一个人一生的时间里,人类社会可以在经济发展、医学突破、股市收益和社会平等等各个领域取得多么巨大的进步,你就会发现,乐观主义本该比悲观主义吸引更多的关注。然而现实并非如此。

人们很早就认识到了悲观主义散发的理性吸引力。英国哲学家约翰·斯图尔特·密尔(John Stuart Mill)早在19世纪40年代便写道:"我发现,一个在众人心怀绝望时满怀希望的人不会被看重,但一个在众人都心怀希望时满怀绝望的人却会被视为圣人。"

问题是,为什么事情是这样的?这种现象又是如何影响我们对金钱的看法的?

让我们回顾一下前面讲过的道理:没有人真的对钱失去理智。

在涉及金钱的领域,悲观主义之所以具有吸引力,的确是有充分理由的。我们只有了解了这些理由,才不会被悲观主义牵着鼻子走。

其中一个原因是出自本能,我们无法避免的。丹尼尔·卡尼曼表示,人类对失去的过度厌恶是在演化过程中形成的一种保护机制。他写道:

> 在进行直接比较或权衡时,失去带给我们的精神影响比得到更大。这种积极和消极的期望或经历之间的力量不对等现象有着演化方面的原因。相比机遇,对威胁反应更快的生物成功生存和繁殖的可能性才更大。

不过，在金融领域，导致悲观主义比乐观主义更容易出现、更普遍也更具有说服力的，还有其他一些原因。

第一个原因是，金钱在生活中无处不在，所以金融领域发生的消极事件往往会影响到每一个人，吸引每一个人的注意。

很多问题，比如天气，就不属于这种情况。袭击佛罗里达州的飓风不会对 92% 的美国人造成直接危害，但经济衰退则可能影响我们每一个人——包括你。所以我们自然会格外关注后者。

某些具体问题，比如股市，就是这种情况的典型例子。在美国，一半以上的家庭直接持有股票，[57] 但即使是那些不直接持有股票的家庭，在股市的波动经过媒体的大肆渲染以后，也会将道琼斯工业平均指数作为心中第一位的经济晴雨表。

如果股市上涨 1%，也许只有晚间新闻会简单地提到一句。但是如果股市下跌了 1%，就会有通常为红色的加粗大写标题大肆报道。这种不对等性是很难避免的。

虽然很少有人会去问或试着去解释股市为什么会上涨——人们总会觉得上涨是理所当然的——但当股市下行时，人们却总会想尽办法去解释其下行的原因。

是因为投资者不看好经济增长吗？

是因为美联储又把事情搞砸了吗？

是因为政客们又做了错误决策吗？

是不是还有更糟糕的问题在后面？

为经济下行找原因，会让它更容易成为人们讨论和担忧的对象，也会让人们更容易展望未来走向，编织出悲观的故事——这种故事的内容常常大同小异。

即使你并不持有股票，这些论调也会吸引你的注意。1929年，在引发大萧条的股市大崩盘发生前夕，只有2.5%的美国人持有股票，但绝大多数美国人——甚至可以说全世界——都在惊愕地旁观着这次市场崩盘的过程，心想着这对自己的生活而言意味着什么。无论是律师、农民还是汽车修理工，每个人都在思考。

历史学家埃里克·罗威（Eric Rauchway）写道：

> 这次市场下跌只对极小一部分美国人造成了直接伤害，但因为其他人也都密切关注着市场并将其看作自己个人命运的参照物，他们也很快停止了大部分经济活动。经济学家约瑟夫·熊彼特（Joseph Schumpeter）后来写道："人们感到脚下的地面正在崩塌。"[58]

无论你是否感兴趣，有两个话题都会影响你的生活：金钱与健康。健康问题往往属于个人，而金钱问题则更具有系统性。在一个密切互联的系统中，一个人的决定往往会影响到其他所有人。于是，我们不难理解为什么金融风险获得的关注度和讨论度是其他话题难望项背的了。

第二个原因是，悲观主义者在推测未来趋势时经常没有将市场会如何适应局势纳入考虑。

2008 年，环保主义者莱斯特·布朗（Lester Brown）这样写道："到 2030 年，中国每天将需要 9,800 万桶石油。当前世界的石油日产量为 8,500 万桶，并很可能永远都不会超过这个数字。全世界的石油储备只能提供这么多了。"[59]

他说得没错。照这种趋势下去，世界上的石油终将耗尽。

但市场另有一套运作方式。

经济学中有一条铁律：极好和极糟的环境都很难长期维持，因为市场的供需会以很难预测的方式对环境进行适应。

来看看在布朗做出预测之后石油产业立刻发生了什么变化。

2008 年，随着全球石油需求的增长（其中大部分来自中国），石油产量接近了产能上限，于是石油价格飙升。一桶油的价格从

2001 年的 20 美元涨到了 2008 年的 138 美元。[60]

新的价格意味着开采石油就像淘金一样利润丰厚。这对石油生产商的动力造成了巨大的影响。开采难度高的那部分石油曾经很难盈利——20 美元一桶的价格连钻探成本都无法覆盖——现在却成了摇钱树，因为可以一桶卖 138 美元了。

这种变化使得水力压裂和水平钻井等新技术快速发展。

地球上的石油储量在人类历史上的所有时期几乎都是一致的，而我们也早已掌握了许多大型油田的位置。在这种情况下，发生进步的是能让我们以更经济、效率更高的方式开采石油的技术。著名能源专家丹尼尔·耶金（Daniel Yergin）写道："美国石油储量中的 86% 不是发现油田时估算的结果，而是（随着技术进步而）修正后得出的结果。"

这就是 2008 年水力压裂技术兴起后发生的事。仅在美国，石油产量就从 2008 年的大约一天 500 万桶上升到了 2019 年的一天 1,300 万桶。[61] 如今的世界石油产量为每天超过 1 亿桶——超出布朗预计的最高值 20%。

在一个悲观主义者看来，2008 年石油产业的发展趋势自然是不容乐观的。但对一个清楚需求是所有创新与发明之母的现实主义者而言，情况就远没有那么糟糕了。

我们很容易做出糟糕的情况会持续的预测，而且这样的预测很有说服力，因为它不需要我们去想象世界会发生怎样的改变。但是错误总会得到纠正，人们也一直在适应环境。眼前的问题有多糟糕，人们解决问题的动力就有多强——这是经济史中普遍存在的一种现象，却很容易被悲观主义者忽视，因为他们的预测一直是简单粗暴的。

第三个原因是，进步发生得太慢，让人难以发觉，但挫折却出现得太快，让人难以忽视。

生活中有很多在一夜之间发生的悲剧，但很少有在一夜之间诞生的奇迹。

一直以来，人们都梦想着有朝一日人类会像鸟儿一样在天空翱翔，但在1889年1月5日，《底特律自由新闻报》(Detroit Free Press)批判了这种想法。该报发表文章表示，人们关于飞机的设想"看起来是不可能实现的"：

> 加上必要的燃料和发动机，一台飞行装置的最小重量不会低于300磅或400磅[1]（……）但飞行对重量的要求是有上

---

[1] 约合136千克与181千克。

限的，显然不能超过 50 磅[①]。超过了这个极限，动物就无法飞行。大自然已经达到了这一极限，而就算大自然尽最大的努力，也无法将其超越。

这篇文章发表 6 个月后，奥维尔·莱特（Orville Wright）从高中退学，来帮哥哥威尔伯（Wilbur）在自家后院的小棚里造一台印刷机。这是兄弟俩第一次合作搞发明，但不会是最后一次。

如果我们要列出 20 世纪最重要的发明，飞机就算不能排在首位，也至少会位列前五。飞机这项发明改变了一切。它引发了世界范围内的大战，也导致了战争的结束。它连接了世界，缩短了城市、乡村、大洋和大洲之间的距离。

但在莱特兄弟苦心孤诣地制造人类第一架飞机的故事中，存在一个有趣的转折。

在他们试飞成功后，似乎没有人注意到这件事，也没有人关心。

在 1952 年出版的记录美国历史的著作《大变革时代》（The Big Change）中，弗雷德里克·刘易斯·艾伦写道：

> 直到几年后，人们才明白莱特兄弟所从事活动的意义。当时的人们笃信，飞行是不可能办到的事，所以那些在 1905

[①] 约合 23 千克。

年看到莱特兄弟在俄亥俄州代顿一带飞行的人们以为，自己看到的一定是某种毫无意义的把戏——就像今天大多数人在看到，比如说，心灵感应表演时的想法一样。直到1908年5月——距离莱特兄弟第一次飞行已经过去将近4年半的时候，资深记者们才被派去了解他们都做了些什么，资深编辑们才对记者发来的兴高采烈的报道确信无疑，全世界才终于如梦初醒地发现，人类已然实现了飞行的梦想。

甚至当人们明白飞机是怎样一种奇迹后，他们依然低估了它很多年。

一开始，人们主要将其看作一种军事武器，后来又觉得它是专属富人的玩具，再后来又觉得飞机也许只能运载几个人。

1909年，《华盛顿邮报》（*The Washington Post*）写道："永远不会有商用运输机这样的东西出现。货物将继续拖着缓慢而沉重的步伐在富有耐心的大地上穿行。"5个月后，第一架货机飞上了天空。

让我们来比较两种现象：一种是人们在漫长的认知觉醒后终于对飞机产生了乐观态度，另一种则是人们会极为迅速地关注某些会引发悲观情绪的事物，比如一家公司的破产。

或者是一场大规模的战争。

或者是一起飞机事故。人们之所以从 1908 年起才开始大规模谈论莱特兄弟的飞机,是因为当年有一位名叫托马斯·塞尔福里奇(Thomas Selfridge)的陆军中尉在一次飞行表演中丧生。[62]

增长是由复利驱动的,而复利通常需要时间。毁灭却可能由独立的致命因素导致,可以在很短的时间内发生;它也可能由失去信心引发,而信心可以在一瞬间崩塌。

表达悲观论调的文章更容易写作,因为其内容往往更有新意,且只需要关注最近发生的事件。乐观的叙述则需要回顾漫长的历史和事物发展的进程,而人们总会忘记这些事,并需要花很大的力气才能将分散的事实联系起来。

想想我们在医学领域取得的进步吧。只回顾过去 1 年间的进步是没什么意义的。单独拿出某个 10 年来看也意义不大。但如果看看过去 50 年,我们就会发现一些非凡的成就。例如,根据美国国立卫生研究院(National Institute of Health)的数据,自 1965 年以来,在美国,心脏病的年龄别死亡率①已经下降了 70%以上。[63] 70% 的降幅意味着每年都足足有 50 万人的生命被挽救。对比一些大城市的人口,来感受一下每年被挽救的生命有多么多吧。但因为这个过程进展得很缓慢,它引起的关注要小于恐怖袭

---

① 按年龄分别计算的死亡率,可反映不同年龄组别死亡率水平的差异。

击、飞机失事或自然灾害等突发事件导致的损失所引起的。美国就算每周都遭遇 5 次卡特里娜飓风[①]——想象一下，这会吸引多大的关注度——在一年内的总死亡人数也无法抵消过去半个世纪里这 70% 的降幅背后每年被挽救的生命数量。

同样的道理也适用于商业领域。我们需要许多年的时间才能认识到一种产品或一家公司的重要性，但失败却能在一夜间发生。

在金融领域，如果在 6 个月的时间里，股市下跌了 40%，美国国会就会启动调查。但如果在 6 年的时间里，股市上涨了 140%，几乎不会有人注意到这点。

在个人事业方面，一个人的声誉需要花一生的时间去经营，但小小一封邮件就能将其毁灭。

在舆论场上，悲观主义的短暂痛苦大行其道，乐观主义的强大拉力却无人在意。

这再次凸显了我们之前谈到的一个观点的重要性：在投资中，你必须认识到成功的代价——在长期增长的背景下出现的波动和损失——并做好为其买单的准备。

[①] 2005 年 8 月袭击美国的飓风，造成超过 1,800 人死亡。

2004年,《纽约时报》采访了科学家斯蒂芬·霍金（Stephen Hawking）。霍金患有无法治愈的运动神经元疾病，从21岁起便身体瘫痪，无法讲话。

霍金通过电脑告诉采访者，把书卖给非专业读者是一件特别令他兴奋的事。

"你总是这么开心吗？"采访者问道。

"我对生活的期望在21岁时便归零了。那以后的一切对我来说都是意外收获。"他说。

如果你的期待值过高，那么当前条件下最好的结果在你看来也是平淡无奇的。悲观主义降低了对事物的期待值，缩小了可能出现的结果和你期待的最好结果之间的差距。

这也许就是悲观主义如此吸引人的原因。一旦结果与预期相反，事先做好最坏打算就成了让自己感到惊喜的最佳方式。

多少有些讽刺意味的是，作为一种自我安慰，这种思维方式本身倒是挺乐观的。

下面，让我们来谈一谈"故事"这个话题。

第 18 章

当你相信一切的时候

故事为何吸引人,

以及它们的力量为何比数据强大。

我们来设想这样一个情景：一个外星人被派到了地球。他的任务是密切关注地球上的经济发展。

他盘旋在纽约市上空，打算评估纽约市的经济状况及其在2007年到2009年发生的变化。

2007年的新年夜，他在时代广场上空盘旋。他看到成千上万的人在欢乐地参加派对，周围是耀眼的灯光、巨大的广告牌、绚烂的烟花和很多摄影机。

到了2009年的新年夜，他再一次来到时代广场，同样看到成千上万的人在欢乐地参加派对，周围是耀眼的灯光、巨大的广告牌、绚烂的烟花和很多摄影机。

两次情况看起来差不多。他看不出什么太大的区别。

他看到同样多的纽约人在城市里忙碌地穿行着，周围有同样多的写字楼，楼里摆放着同样多的办公桌和同样多的电脑，有同样多的人连着网络。

在城外，他看到同样多的工厂和仓库，连接它们的高速公路依然是那些，在上面奔跑的卡车依然有那么多。

当他的飞船更靠近地面，他看到同样的大学里的老师们正讲着同样的课，把同样的学位授予同样多的学生。

他看到同样多的专利在保护着具有开创性的发明。

他发现技术进步了。2009 年的每个人都拿着 2007 年时还不存在的智能手机。计算机的速度更快了，医疗技术更先进了，汽车的油耗更低了，太阳能和水力压裂技术已经取得了进步，社交媒体在以指数级的速度增长。

当他飞行在美国各地上空时，他看到了同样的情形。在全球范围内，情况也大同小异。

于是他总结道，2009 年的经济状况与 2007 年的大致相同，甚至可能更好一些。

随后他看了统计数据。

让他震惊的是，美国的家庭财富比 2007 年时已经缩水了 16 万亿美元。

让他惊掉下巴的是，有超过 1,000 万美国人失业。

让他感到难以置信的是，股市的市值只有两年前的一半了。

他无法相信人们对经济发展潜力的估计已经跌落谷底。

"我不明白,"他说,"我看到了城市,也看到了工厂。你们这些人的知识、工具和想法都和以前一样,什么都没有变!可为什么你们比以前穷了呢?为什么你们变得更悲观了呢?"

从2007年到2009年,这个外星人看不到的一个变化是,关于经济发展,美国人对自己讲述的故事变了。

2007年,我们讲的是一个关于房价稳定、投资者审慎、金融市场价格风险低的故事。

到了2009年,我们不再相信这个故事了。

唯一的改变就在这里,但它却改变了一切。

一旦房价持续上涨的说法被推翻,抵押贷款的违约率就开始上升,银行开始亏损并因此减少了面向企业发放的贷款,从而导致企业裁员,导致全社会范围内消费下降,而这进一步导致更多人失去工作,然后恶性循环便无法停止。

我们在2009年拥有和2007年同等水平(就算不是更强)的促进财富增长的能力,而唯一改变的就是我们对现实的阐释。但是,这一改变却让2009年的经济遭受了80年来最严重的打击。

这与1945年德国的情况不同,毕竟当时德国的制造业基础已被摧毁;它也与21世纪初日本的情况不同,毕竟当时日本的劳动人口正在减少。二者都是经济方面受到的有形伤害。2009年,我们却用无形的故事给自己造成了巨大的伤害。这是很可怕的。

故事是现存的对经济影响最大的潜在力量之一。

在考虑经济增长、商业、投资和个人职业时，我们往往会考虑有形的东西——我们拥有多少财富，我们能做什么？

但到目前为止，故事是经济发展中最强大的一股力量。它们既可以充当让经济的有形部分发挥作用的助燃剂，也可以成为抑制我们发展能力的制动器。

从个人层面上说，在一个由故事驱动的世界里管理自己的资产时，你需要记住两个道理。

---

1. 你越希望某事是真的，你就越容易相信一个高估其成真可能性的故事。

你一生中最快乐的一天是在什么时候？

纪录片《长寿秘诀》(*How to Live Forever*)向一位百岁老人提出了这样一个天真的问题。老人的回答出人意料。

"停战日。"她说，指的是第一次世界大战的双方于1918年签署停战协议的这天。

"为什么？"制片人问。

"因为我们知道，从此以后再也不会有战争了。"她说。

而在仅仅 21 年后，第二次世界大战便爆发了，导致 7,500 万人在战争中丧生。

生活中的很多事在我们看来是真的，是因为我们无比希望它们成真。

我把这些事称为"吸引人的故事"。它们对我们的金钱观有很大的影响，尤其是在投资和经济发展方面。

吸引人的故事总在这样的时刻出现：你很聪明，希望找到解决问题的方案，但处于一种控制力有限而风险很高的局面中。

在这种时刻，故事的力量非常强大，能让你相信任何东西。

举个简单的例子。

一个也门人阿里·哈贾吉的儿子生病了。村庄里的长老们提出了一种民间偏方：用一根燃烧的棍子刺穿他儿子的胸膛，把他体内的顽疾排出来。

在这样做之后，哈贾吉告诉《纽约时报》："如果你是个穷光蛋，你的孩子又生病了，你什么都会信的。"[64]

早在科学、有效的药物问世前几千年，各种医疗实践就出现了。在人们提出科学疗法和发现细菌的存在之前，人类社会中就出现了放血、禁食、在身体上挖洞释放病魔等只有加速病人死亡这一个作用的疗法。

这些做法看上去很疯狂，但如果你迫切需要解决问题，而你又不知道或者无法轻易找到有效的办法，此时对你来说阻力最小的做法便是像哈贾吉那样——什么都愿意试一试。你不只愿意尝试，而且会全盘相信。

1722 年，英国作家丹尼尔·笛福（Daniel Defoe）在记录伦敦大瘟疫的《瘟疫年纪事》(*A Journal of the Plague Year*) 中写道：

> 人们对预言、占星术、解梦和无稽之谈变得比以往任何时候都着迷……年鉴把他们吓坏了……房屋的柱子上和街道的角落里贴满了医生们的治病广告和一些无知者的宣传文字。商人们四处吆喝着，邀请人们到他们那里购买灵丹妙药。这些传单上通常印有这样的宣传语："防疫仙丹，万无一失""抗感染灵药，百治百灵""无上神药，杜绝空气传播"。

瘟疫在 18 个月内夺去了四分之一伦敦人的生命。在如此高的死亡风险面前，你会相信任何事。

现在你可以想想，同样信息有限而风险很高的局面是如何影响我们做出理财决策的。

人们为什么会听信电视节目中那些罕有成功先例的投资建议？其中一个原因就是投资的风险太高。但是，只要选对几只股票，你就能轻松致富。如果某人的预测有 1% 的概率成真，而一旦成真便能改变你的生活，那么关注这些建议就不算犯傻——万一猜对了呢？

金融领域内的很多投资观点都带有这样的特性：一旦你听从它们，选择了某种策略或方法，你就同时在金钱和心理上进行了双重投资。如果你希望某只股票能上涨10倍，你就成了它的信徒。如果你认为某种经济政策会引发恶性通货膨胀，你就已经站好队了。

这些预测成真的概率可能很低。问题在于，这些信徒不能或者根本不会去校正这样低的概率，比如仅有1%的。许多人都固守着一种坚定的信念，认为他们希望成真的就一定会成真，但他们这么做仅仅是因为存在着获得巨大回报的可能性。

投资是为数不多的每天都存在获得巨大回报可能性的领域之一。人们相信金融骗术的方式和相信其他，例如对天气的骗术的方式不同，因为准确预测下周股市走势带给他们的回报和猜中下周是晴天还是雨天带给他们的回报是完全不同的。

想想主动型共同基金吧。截至2018年，这些基金中的85%近10年的表现不及其基准。[65]这个比例几十年来一直很稳定。你可能会认为，一个表现如此糟糕的行业只能为小众群体服务，而且会举步维艰，但实际上，这些基金吸引了近5万亿美元的投资。[66]只要获得了和所谓"下一个沃伦·巴菲特"们一起投资的机会，很多人都会对他们无比信赖。无数人会头脑发热，将毕生积蓄倾囊投入。

再看看伯尼·麦道夫。在事后看，他的庞氏骗局其实是一目了然的。他公布的回报率从来没有发生过变化，他采用的审计机构是一家相对不知名的会计师事务所，而且他拒绝透露关于如何实现这些回报的详细信息。然而，麦道夫从世界上经验最丰富的一些投资者手中筹集了数十亿美元。他讲了一个吸引人的故事，而人们愿意相信它。

这就是为什么财务上的容错空间、灵活度和独立性——前几章中讨论过的重要话题——是不可或缺的。

一边是你希望获得的，另一边是你为实现一个可接受的结果而实际需要获得的。二者相差越大，你就越不容易轻信那些吸引人的投资故事。

在考虑预测的容错空间时，人们很容易认为，自己的预测无论如何都不会偏离事实太多，只有基本正确和非常正确之分罢了，但最大的风险就在于，当你太希望某件事成真的时候，你的预测可能从一开始就完全脱离了现实。

在 2007 年的会议上，美联储对 2008 年和 2009 年美国的经济增速做出了预测。[67] 美联储已经习惯了疲软的经济形势，因此对来年的状况并不乐观。它预测的未来两年的经济增长范围为最低 1.6%，最高 2.8%。这体现了它的安全边际，也就是它的容错空间。实际情况却是，美国的国内生产总值萎缩了超过 2%。这意味着美联储预测的最低值出现了近 3 倍的误差。

政策制定者们很难做出经济全面衰退的预测，因为经济衰退会给他们的职业生涯平添障碍，所以即使最坏的预测也不会比"缓慢增长"这样的说法更差了。这就属于一个吸引人的故事。人们很容易相信它，因为等待更糟糕的事情发生是一件痛苦的事。

政策制定者们很容易成为被批评的对象，但在某种程度上我们所有人都是这样做的。我们会从两个角度入手。如果你认为经济衰退就要来了，而你选择套现离场，你对经济形势的看法会因为你希望发生的事而出现 180°的大转弯。每一次变故和每一个事件看起来都像是末日来临的预兆——或许不是因为它们是，而是因为你希望它们是。

激励是一种强大的动力。我们应该永远记住它是如何影响我们的理财目标和预期的。这句话永远有它的道理：在金融领域，容错空间是一种最重要的力量，而且风险越高，容错空间就应该越大。

2. 每个人对世界的看法都是不完整的，但每个人都会编织完整的故事来弥补其中的空白。

在我写下这些文字的时候，我女儿刚一岁左右。她对一切事物都充满好奇，而且学得飞快。

但有时我会意识到,有很多事是她无法理解的。

她不知道她爸爸为什么每天早上都要去上班。

账单、预算、事业、晋升和为退休而储蓄的概念对她来说是完全陌生的。

想象一下该怎么给她解释美联储、信用衍生品或北美自由贸易协定的概念——显然是办不到的。

但她的世界并不是一团未开化的黑暗。她不会茫然地四处打转。

甚至在仅仅一岁时,她就在内心以自己的方式理解着周围的事物是如何运作的:毯子让我感到温暖,妈妈的拥抱让我感到安全,枣的味道很好。

她能把她遇到的每件事都纳入她掌握的那些理解模式中去。当我去上班时,她不会感到困惑,纳闷工资和账单究竟是什么。对此情此景,她的理解简单而透明:爸爸不陪我玩了,我希望他能和我一起玩,所以我不高兴。

即使她知道的东西很少,她自己也意识不到这一点,因为对发生的所有事,她都能在她极有限的知识体系内给自己讲一个逻辑自洽的故事。

我们所有人,无论年龄大小,都在做同样的事。

我就像我女儿一样,是无法在我的认知盲区展开思考的,所以我也很容易利用我掌握的有限的知识体系去解释这个世界。

我和她一样,对遇到的一切,只会寻找对我而言最容易理解的原因。同样,我和她一样,会在这个过程中犯很多错,因为我对这个世界运行机制的了解比我想象中要少得多。

在大多数以事实为基础的领域,这个道理都是正确的。

以历史为例。历史是对发生过的事件的重新讲述,因此本该是清晰而客观的,但正如英国军事理论家 B. H. 利德尔·哈特(B. H. Liddell Hart)在《何不向历史学习》(*Why Don't We Learn From History*)一书中所写:

> 对[历史]的解释中必然要有想象力和直觉的一席之地。历史提供了如此浩繁的证据,因此我们必须做出选择,而哪里有选择,哪里便有选择的艺术。历史文献的阅读者往往会去寻找那些证明其正确的材料,以支持其个人观点。他们要捍卫某些忠诚,在阅读时便会带着肯定或反驳某些论调的目的。他们会拒绝接受那些挑战其信念的历史事实,因为每个人都希望自己站在正义的一边,正如我们会为终结一切战争而发动战争一样。

丹尼尔·卡尼曼曾告诉我,人们会编故事讲给自己听,以此

来理解发生过的事。他说:

> 后见之明,即人们解释过去事件的能力,给了我们一种仿佛这个世界可以被理解的错觉,也给了我们一种仿佛这个世界自有其原则的错觉,哪怕在实际上一团混乱的情况下。这是我们在很多领域犯错的重要原因。

大多数人在面对不理解的事物时都没有意识到自己是不理解这些事物的,因为他们都能根据自己认识世界的独特视角和经历创造出一种在自己看来说得通的解释,无论其视角和经历是多么片面。我们都希望掌握我们生活的这个复杂世界的运作规律,因此我们会通过给自己讲故事来填补那些本质上是盲点的空白。

这些故事对我们理财生涯的影响可能很令人着迷,也可能具有毁灭性。

当世界的运作规律对我而言存在盲区时,我可能会完全误解当前股市走势背后的原因,却对自己判断股市下一步走势的能力产生巨大的信心。预测股市和经济形势如此困难的部分原因是,你是世界上唯一认为世界会按照你想象中的方式运行的人。当你出于我无法理解的原因做出决定时,我可能会盲目地跟随你做出对你而言正确,对我来说却可能是灾难的决策。正如我们在第16

章中看到的那样，泡沫就是这样形成的。

承认自己的无知意味着承认这个世界上发生的很多事都是你无法掌控的，而这是你很难接受的。

想想人们对市场的预测吧。我们其实非常不擅长做这种预测。我曾经计算过，你就算假设市场每年的增长量是其历史平均值，你的预测都会比华尔街上的大银行里排名前20位的市场战略分析师预测的平均值更准确。我们预测经济衰退的能力同样糟糕，而且由于重大事件总是毫无预警地发生，预测还可能弊大于利的一点是，它会在这个由意外事件控制大多数结果的世界上给人一种凡事皆可预测的错觉。《理财最重要的事》（*The Behavioral Gap*）的作者卡尔·理查兹（Carl Richards）写道："风险就是在你觉得自己已经考虑周全时被你遗漏的东西。"

人们其实都明白这个道理。我还没见到哪个投资者天真地认为市场预测从整体上说是准确或有用的，但在媒体上，在财务顾问面前，人们对预测的需求仍然很强烈。

为什么？

心理学家菲利普·泰洛克（Philip Tetlock）曾写道："我们需要相信自己生活在一个可预测、可控制的世界里，因此我们会求助于听上去很有权威的人。他们向我们承诺，会满足这种需求。"

"满足这种需求"是对这种现象的绝佳表述。相信自己能控制局面的需求就像一种需要去挠一挠才会舒服的情感之痒，而不是一道需要计算并解决的分析题。对控制力的幻想比充满不确定性的现实更容易让人接受，所以我们死死抓着某些故事不放，骗自己以为结果尽在掌握。

这种现象的部分原因在于，我们混淆了需要精确性的领域和充满不确定性的领域。

美国国家航空航天局（NASA）的"新视野号"（New Horizons）宇宙飞船在两年前经过了冥王星。这是一次长达 48 亿千米的旅程，花费了九年半的时间。据 NASA 称，这次飞行用时"比飞船 2006 年 1 月发射时预计的时间少了大约 1 分钟"。[68]

想一想，在一段几乎长达 10 年且没有先例的旅程中，NASA 预测的准确率达到了 99.99998%。这就好比在预测从纽约到波士顿所需的时间时精确到了百万分之四秒。

但天体物理学是一个精确的领域，不会像金融一样受到人类变幻莫测的行为和情绪的影响。商业、经济和投资都是充满不确定性的领域，在很大程度上是由人的决定驱动的，而这些决定是无法用像计算冥王星之旅那样清晰无误的算式来解释的。但我们之所以迫切希望它们像冥王星之旅一样可计算，是因为 NASA 工程师的那种对结果 99.99998% 的控制力会让人感到美妙而舒适。正是出于这样的原因，我们会忍不住编故事，告诉自己在生活的其他方面，比如财务领域，我们能有多大的控制权。

卡尼曼曾经列举过故事让我们对现实产生误解的情况：

- 在做计划的时候，我们会专注于我们想做的和能做的事情，而忽略了他人的计划和能力，但他人的决策也会对结果产生影响。
- 无论是在解释过去还是预测未来时，我们都专注于技能起到的因果性作用，而忽略了运气的重要影响。
- 我们专注于我们知道的，忽视了我们不知道的，而这让我们对自己的想法过于自信。

他描述了这种现象对企业的影响：

我在很多场合向创新型初创公司的创始人和参与者们提过一个问题：公司发展的成绩在多大程度上取决于公司本身的作为？这显然是个很简单的问题，人们也会迅速给出答案：没有人的答案会低于80%。就算知道自己不一定会成功，这些大胆的人也会认为他们的命运几乎完全掌握在自己手中。很明显，他们错了：竞争对手的表现和市场的变化对初创公司命运的影响，和公司自身作为的影响一样大。然而，企业家们会自然而然地关注他们最熟悉的方面——他们自己的计划和行动，以及对他们来说最大的威胁和机遇，后者包括融资的可能性。他们对竞争对手的了解更少，因此在对未来的想象中，他们很少会考虑到竞争在其中起到的作用。

从某种程度上说，我们都是这样做的。

我们都像我女儿一样，一点儿也不会因此感到困扰。

我们不会感到迷茫和困惑。我们必须根据我们恰好了解的信息做出判断，认定这个世界的运行规律是我们可以掌握的。如果不这样想，早上我们可能都没有动力从床上爬起来。

但那个在地球上空盘旋的外星人呢？

那个根据自己所见的一切自信地认为自己判断正确，实际上却因为不知道别人在想什么而大错特错的人。

其实他就是我们中每一个人的写照。

第 19 章

总 结

关于金钱的心理学,

你都了解了什么。

恭喜你坚持读到了这里。

是时候把我们讲过的话题串联起来了。

本章主要对前文进行总结，为你提供一些简单而实用的经验，帮助你去做出更好的财务决策。

首先，我要讲一出看牙出差错导致的悲剧。这个故事会告诉我们，对别人如何理财提出建议是一件多么危险的事。

────────

1931年的一天，克拉伦斯·休斯（Clarence Hughes）去看牙医。他的嘴已经疼得受不了了。牙医对他实施了麻醉，以缓解疼痛。几小时后，当克拉伦斯醒来时，他的牙齿少了16颗，扁桃体也被摘除了。

接下来，事情开始变得一发不可收拾。一周后，克拉伦斯死于术后并发症。

他的妻子起诉了牙医,但原因并非手术出了差错。在1931年,每一次手术都伴有死亡风险。克拉伦斯妻子起诉的原因是,克拉伦斯从一开始就不同意做这些手术。如果当时有人问过他,他肯定不会答应。

这个案子几经法庭审理,但都没有结果。在1931年,医患双方的同意协定并不像现在这样有规则可遵循。一种观点认为,医生需要足够的自由度才能做出最好的医疗决定。对此,一次庭审总结道:"如果医生没有自由,我们就无法享受医学取得的进步了。"

在历史上的大部分时间里,针对医疗伦理的共识都是,医生的职责是治好患者,而患者对治疗方案的看法是无关紧要的。杰伊·卡茨(Jay Katz)博士在《医生与患者之间的无声世界》(The Silent World of Doctor and Patient)一书中写道:

> 医生们认为,为实现这个目标,他们有义务关注患者在生理和情绪方面的需求,而他们在这些方面拥有百分百的权威,并不需要在做出必要决定前询问患者自己的意见。医疗伦理领域从未考虑过,患者或许也有权参与治疗方案的制订过程。

这种现象并不意味着医生独断专行或心怀恶意，而是建立在两种观念的基础上：

1. 每名患者都希望被治愈。
2. 存在某种通用、正确的治疗方案。

如果医生相信这两点，那么他们在制订治疗方案时不去征求患者同意是可以理解的。

但这并不是医疗真正的实践方式。

在过去的50年里，医学院的教学理念发生了微妙的转变，从传统的以消灭疾病为中心转向了以治疗患者为中心，而这就意味着医生在提出几种治疗方案后，需要让患者自行决定他们心目中的最佳选择。

促成这一趋势的一个原因是保护患者的法律，另一个原因则是卡茨那部颇具影响力的著作。卡茨认为，不同患者对医疗中各种因素的重要性存在截然不同的看法，所以医生必须将他们的意见纳入考虑。卡茨写道：

> 如果有人认为在医疗这项关乎艺术和科学的实践中，医生们可以依靠其医者仁心和精准判断力做出正确选择，那么这是一种危险而荒谬的看法……事情并没有这样简单。医疗是一个复杂的行业，医患间的互动同样是一种复杂的过程。

最后一句话非常重要。

你知道还有什么职业也是这样吗？提供理财建议的。

我无法告诉你应该如何去管理你的财富，因为我不了解你。

我不知道你的财务目标、时间规划和理财动机。

所以，我不会告诉你应该怎样管理你的财富。我可不想像牙医对待克拉伦斯·休斯那样对待你。

但外科医生和牙医显然并非一无是处。他们有医学知识，能评估治疗方案的成功率，知道哪种方案更有效，哪怕患者对最适合自己的治疗方案的判断不一定和他们一致。

理财顾问也是如此。在这个领域，存在着一些普遍的真理，哪怕不同人在应用这些真理来做出各自的财务决策时的想法并不一致。

请记住这种警告，然后来看几条简单的建议。它们可以帮助你在理财方面做出更好的决定。

当事态朝正确的方向发展时，要保持谦逊；当事态朝错误的方向发展时，要心怀谅解或同情。这是因为任何事都没有表面看来那样美好或糟糕。世界很大，也很复杂。运气和风险真实存在，也难以判别，所以无论是在评价自己还是他人时，都要将这句话牢记于心。你如果能尊重运气和风险的力量，就更容易把注意力

投放在你真正能控制的事上，也就更容易找到正确的参照对象。

虚荣越少，财富越多。你能存下多少钱，要看你彰显自我的需求与你的收入之间的差距，而财富恰恰存在于看不到的地方。因此可以说，通过缩减你今天可以购买的东西，你创造了未来可以购买更多东西或拥有更多选择的机会，而财富就是这样积累下来的。无论你的收入有多高，如果无法限制自己当下花钱享乐的欲望，你就永远无法积累财富。

用能让你睡踏实的方式来理财。这并不等同于力求最高的投资回报率或将一定比例的收入存进银行。有些人只有在获得最高的回报率后才睡得踏实，而另一些人只有在保守投资的情况下才睡得安稳。每个人都有自己的偏好，但自问"这样做能让我晚上睡踏实吗？"，其答案可以成为对财务决策是否适合自己的通用判断标准。

如果你想提高投资回报，最简单而有效的方法就是拉长时间。时间是投资中最强大的力量。它能让微不足道的事物成长壮大，而让重大错误的影响渐渐消失。它不能抵消运气和风险，但它会让结果对参与者而言更公平。

就算很多事出了错，也不要心态失衡。你就算错了一半，依然能积累财富，因为是少数的几件事决定了整体的结果。无论你在以什么方式理财，无论有多少事物不如预期，都没有什么大不了的。这个世界就是这样的。所以，你应该始终通过衡量自己的整体投资情况，而不是根据某一笔投资的成败来评价自己的表现。同时有一大笔糟糕的和几笔出色的投资是完全可以接受的，甚至在大部分情况下是最好的局面。通过个别投资来判断整体表现，会夸大赢家的聪明才智，也会对输家过分苛责。

利用财富来获取对时间的掌控，因为对人生的幸福感而言，最严重而普遍的扣分项就是时间上的不自由。在任何时候和喜欢的人去做喜欢的事而且想做多久就做多久的能力，才是财富能带给你的最大红利。

多一些善意，少一些奢侈。其他人都不会像你自己那样在意你有多少财富。你或许以为自己需要的是一辆豪车或一块名表，但或许你真正想要的是来自别人的尊重和赞赏。比起依靠豪车和名表，你可能更容易通过善良和谦逊获得这些。

存钱。存就是了。存钱不需要什么特定理由。为了车、首付或突发疾病存钱自然是好事，但为那些无法预测或定义的事物也是存钱的最佳理由之一。每个人的生命都是由一连串意外组成的。在生命中最糟糕的时刻，没有特定用途的丰厚储蓄可以为不可避免的意外提供一种对冲。

明确成功需要付出的代价。然后做好支付的准备，因为没有什么有价值的东西是免费的。记住，理财中要付出的大部分成本是没有标价的。不确定性、疑虑和后悔是金融世界里的常见代价。它们通常是值得你去买单的，但你要把它们看作一笔费用（要为得到好东西而付出的），而不是罚款（要千方百计避免的）。

重视容错空间。 在将来可能发生的事情和你为了表现良好而需要满足的条件之间有一段距离。正是它给了你韧性，让复利得以在时间的长河中创造奇迹。容错空间通常看起来像一种保守的防御措施，但如果它能让你继续留在游戏场上，它就能无数次为你的错误买单。

避免设定极端的财务目标。 每个人的目标和愿望都会随着时间的推移而改变。随着个人的成长和提升，你过去的决定越极端，你就越容易感到后悔。

你应该喜欢风险， 因为长期看它能带给你回报。但你需要对具有毁灭性的风险格外敏感，因为它会让你早早退场，不再有机会去冒那些能带给你回报的风险。

明确你所玩的游戏的性质。 确保你的行动不会受到不同游戏的玩家的影响。

尊重每一个人。 在金融投资领域，聪明、有见识、有想法的人们可能出现意见分歧。因为不同人的目标和愿望是截然不同的，所以并不存在统一的正确答案。适合自己的就是最好的。

下面，我来介绍一下我是怎么理财的。

— 第 20 章 —

我的理财方案

我自己是如何应用金钱心理学的。

投资人、亿万富翁、第一曼哈顿咨询集团（First Manhattan）的创始人桑迪·戈特斯曼（Sandy Gottesman）在面试投资团队候选人时据说会问这样一个问题："你手里现在拿的是什么股？为什么？"

而不是"你认为哪些股票便宜"或者"哪个经济体即将陷入衰退"之类的问题。

只要让我看看你自己是怎么理财的。

我很喜欢这个问题，因为它凸显了从理论角度看正确的选择（人们会给你的建议）和在实践中人们感觉正确的选择（人们实际上会做的事）之间可能存在的巨大鸿沟。

根据晨星公司的统计，在美国，共同基金投资组合经理中有

一半人不会购买他们自己管理的基金。[69]这个数据看上去可能很触目惊心，揭示了某些虚伪之举。

然而，这种情况比你想象中要普遍得多。南加州大学的一名医学教授肯·默里（Ken Murray）2011年时发表了一篇题为《医生如何死去》（"How Doctors Die"）的文章，揭示了医生们为自己选择的临终治疗方案和他们为患者推荐的方案有多大的不同。[70]

"（医生）对临终治疗方案的选择和我们不同。"他写道，"不同之处在于，与绝大多数美国人相比，他们得到的治疗并非更多，而是更少。尽管他们一生都在帮助他人逃离死亡，但他们自己在面对死亡时往往显得非常平静。他们知道会发生什么。他们知道自己都有哪些选择。他们只要想要，通常可以获得任何医疗资源，但他们会选择相对温和的。"医生可能会竭尽全力治疗患者的癌症，但在自己面对死亡时却会选择姑息疗法。

别人建议你做的事和他们自己的做法不同并不一定是坏事。这种现象只是说明，在处理涉及各种感情因素并会影响你自身和家庭的复杂问题时，并不存在一个标准答案。在这种情况下，没有放之四海而皆准的真理，只有你和你的家人可以接受的答案，所以你需要选择的是能让你感到舒服并睡踏实的方法。

理财领域和医疗领域类似，的确存在一些我们必须遵守的基本原则，但重要的理财决策并不是依靠表格或教科书做出的，而是在餐桌上敲定的。这些决策的目的往往不是追求最高的回报，而是尽量降低让伴侣或孩子失望的可能。这类事情很难用图表或公式概括，而且因人而异——适合他的并不一定适合你。

你必须找到适合你的方法。下面是适合我的。

我家如何看待储蓄

查理·芒格曾说："我的目的并不是赚大钱。我想要的不过是独立自主而已。"

我们在这里不谈赚大钱。独立自主也一直是我个人的财务目标。我对追求最高的投资回报率或通过投资过上挥金如土的生活这些目标没什么兴趣。这两种目标看起来都是为了在朋友面前炫耀而玩的游戏，而且都存在潜在的风险。我只希望在每天早上醒来时都能确定，我们一家子都可以按自己的方式做想做的任何事。我们做的每一个财务决定都是为了实现这个目标。

我父母在成年后的经历可被分为两个阶段：一贫如洗和生活富足。我父亲在 40 岁时才成为一名医生，而当时他已经有了三个孩子。拿到医生那份稳定的薪水也没有改变他一边在医学院读书一边养活三个嗷嗷待哺的孩子时被迫形成的节俭作风。那些年里，我父母过着极其简朴的生活，将收入的很大一部分存了下来,而这给他们的生活带来了一定程度上的自主性。我父亲是一名急诊室医生——这是我能想到的压力最大的职业之一——经常倒班的工作需要他频繁颠倒作息,给他的身体造成了很大的负担。20年后,他觉得这份工作他已经干够了,于是停下来,辞职了。然后,他进入了人生的下一个阶段。

这深深地影响了我。无论何时,只要想改,就可以在某天早上醒来后随心改变当前的生活方式,可能是所有理财计划的终极目的。对我来说,自主性并不意味着不再工作,而是意味着可以在自己喜欢的时间里和喜欢的人做喜欢的工作,想做多久就做多久。

获得一定程度的生活自主性并不需要你拿到医生那么高的薪水。最主要的秘诀是控制你的欲望,在能力范围内尽可能节俭地生活。自主性与你的收入水平无关,而是由你的储蓄率决定的。而当你的收入超过一定水平后,你的储蓄率是通过控制自己对生活方式的欲望决定的。

我妻子和我是在大学里相识的。我们在结婚之前几年就住在了一起。下课后,我们会去做一些初级的兼职,拿到一份相对底层的报酬,过着还算过得去的生活。人类的生活方式都位于一个光谱的范围内,因此一个人眼中的体面生活对另一个人来说可能是高不可攀或穷困潦倒的。不过,我们购买了相对我们的收入而言不错的公寓、汽车、衣服和食物。我们的生活很舒适，但与奢侈完全无关。

尽管十多年来，我们的收入一直在增长——我从事金融业，我妻子从事医疗业——我们却或多或少始终保持着此前的生活方式。这使得我们的储蓄率不断上升。实际上，我们增长的每一美元收入都变成了储蓄——我们的"自主基金"。我们现在的生活水平远低于我们的收入水平，因此前者并不能反映后者，反映的更多的是我们在20多岁时确立的生活方式的决定。

如果说我的家庭理财计划中有哪一部分是我引以为傲的，那便是我们在年轻时就已经决定，我们对生活方式的欲望不会随着收入水涨船高。我们的储蓄率相当高，但我们很少觉得这种节俭是靠压制欲望实现的，因为我们对物质的欲望并没有随之升高多少。这并不是说我们没有欲望。我们也喜欢美好的事物和舒适的生活。我们只是不会让生活目标无限制膨胀罢了。

这种心态并不适用于所有人，只适用于我们，因为我们夫妻双方都认可这一点，没有谁向对方做出妥协。我们生活中的大部分娱乐——散步、阅读、听播客——都不需要花多少钱，所以我们很少觉得自己错过了什么。偶尔，当我质疑我们的储蓄率是不是太高时，一想到我父母是如何通过多年的高储蓄率获得了生活中的自由和独立，我便会很快打消疑虑，回归初心。自主是我们的最高目标。维持一种低于经济能力的生活方式的附加好处是，这会防止你产生攀比心理。在你负担得起的范围内舒适地生活，不产生过多欲望，你会避免现代西方世界中许多人要承受的巨大社会压力。纳西姆·塔勒布解释道："退出无谓的激烈竞争，以获得内心平静为目标来调节你的行为，才是真正的成功。"我很喜欢这句话。

到目前为止，我家为实现自主的生活目标而采取的某些行为从理论上看甚至是不合理的。我们没有选择贷款，而是全款买了房。这从理财角度看是我们做过的最糟的决定，从金钱角度看却是最好的决定。我们买房的时候，抵押贷款利率低得离谱，任何理性的顾问都会建议你利用这份低利率，将多余的存款投入高回报的金融资产中，比如去买股票。但我们的理财目标与冷冰冰的理性无关，而是要追求心理上的安稳。

的确，如果选择低利率的抵押贷款，我们就能用多余的钱去投资，从而获得不小的理财收益，但完全拥有一所房产的自主感远远超过了金钱收益带来的满足感。比起让金融资产的长期收益最大化，不用每个月还贷款的选择让我们感觉更好，因为这让我感到独立和自由。

如果你觉得这个决定有弊端，或是永远不会做出这样的选择，我并没有说服你的意思。我们的选择从理论上看确实不是最好的，但它适合我们，我们喜欢它，才是最重要的。好的决定并不总是理性的。在某些时候，你必须在"正确"和幸福之间做出选择。

我们的金融资产中流动资金的比例高于大多数理财顾问推荐的标准，大约占 20%（去掉房产价值后）。这在理论上也不是明智的选择，我也不会推荐别人这样做，但这是适合我们的。

我们这么做是因为现金是独立生活的重要保障，而更重要的是，我们永远不想被迫出售我们持有的股票。我们希望在面对一笔巨大的开支时，能把不得不卖出股票来凑钱的可能性降到零。这也许只是因为我们的风险承受能力比其他人的低。

但以我对个人理财的全部了解，每个人，无一例外，总有一天会面对一笔意料之外的巨大开支。他们没有为这些开支做过专门的计划，正是因为他们没有预想过会出现这笔开支。少数了解我家财务细节的人会问我们："你们存钱是为了买什么？一套房子？一艘船？一辆车？"不，都不是。我们是为了在一个意外比我们想象中更频发的世界上好好生活而存钱的。面对意外开支不用被迫卖出股票也意味着我们长时间持有股票的可能性更大，因此能让我们享受到复利的好处。查理·芒格说："复利的第一条原则是：除非万不得已，永远不要打断这个过程。"

我家如何看待投资

我的职业生涯是从选股开始的。当时我只持有个股，主要是伯克希尔·哈撒韦和宝洁等大公司的股票，还有一些我认为有深度价值的小市值股票。在我 20 多岁的任何时候，我持有的个股都在 25 只上下。

我不知道自己在选股方面表现如何。我跑赢市场了吗？我不确定。像股市里的大多数弄潮儿一样，我的表现也许很一般。不管怎样，我都已经改变了投资方式——现在我们持有的所有理财产品都是低成本的指数基金。

我并不反对积极的选股行为，无论是自己选择还是把钱交给积极型基金经理管理。我认为有些人能跑赢市场的平均水平，虽然这很困难，比大多数人想象中要困难得多。

如果要我总结一下对投资的看法，那就是：每一个投资者都应该选择使自己实现目标的可能性最大化的策略，而且我认为，对大多数投资者来说，用平均成本法[①]去投资低成本的指数基金将是长线投资成功率最高的选择。

这并不意味着指数投资永远是一个好选择，也不意味着它适合所有人，更不意味着积极选股的路线注定会失败，虽然总体上

[①] 一种以定期及定额投资去积累资产（包括股票及基金）的方法，即"定投"。

看，这种观念在一方或另一方——尤其是那些强烈反对积极投资的人——心中已经变得根深蒂固。

跑赢市场本来就是一件很困难的事。成功的概率本来就很低。如果不是这样，那么每个人都会去分一杯羹，而如果每个人都去做了，就不存在跑赢和成功了。因此，当绝大多数试图在市场上胜出的人都以失败告终时，我们无须惊讶。（统计数据显示，在截至 2019 年的 10 年中，85% 的大盘股①活跃型基金经理的业绩表现未能超过标普 500 指数。）[71]

我认识的一些人认为跑赢市场是痴心妄想，却又会鼓励子女去追求这种遥不可及的目标，努力成为领域内的职业玩家。我只能说，萝卜青菜，各有所爱。生活就是碰运气，而我们对运气的看法又都不一样。

这些年来，我逐渐认识到，只要连续几十年把钱投入低成本的指数基金，让这些钱去不断积累复利，我们是非常有可能实现全家人的所有财务目标的。这种观点在很大程度上根植于我们节俭的生活方式。如果你不必承担为跑赢市场而冒的额外风险就可以实现所有目标，那么还有什么必要去冒险呢？不做世界上最伟大的投资者对我来说影响甚微，但做一个糟糕的投资者对我来说

---

① 市值总额达 20 亿元以上的大公司发行的股票。

影响巨大。当我这么想的时候，选择买入并持有指数基金就是对我们来说最简单的做法了。我知道不是每个人都同意这种逻辑，尤其是我那些以跑赢市场为职业目标的朋友们。我尊重他们的做法，但我只会选择适合我家情况的方案。

我们把全家人的闲钱都投入了这些指数基金——美国本土和其他国家股票的组合。我们不会设定目标，因为这些钱不过是我们消费后剩余的部分。我们通过同样的基金将钱尽可能多地存入退休账户，并为子女的"529 大学储蓄计划"做准备。

我家的理财方案就是这么简单。实际上，我们所有的金融净资产不过是一套房子、一个支票账户和一些先锋领航集团旗下的指数基金罢了。

对我们来说，事情不需要更复杂了。我喜欢凡事简单。我始终坚持的投资理念是，在投资领域，努力和结果之间几乎没有关系。这是因为世界是由尾事件驱动的——少数几个变量是大部分回报的来源。无论你多么努力地投资，只要你错过了两三个能彻底扭转局势的机会，你的收益就不会太突出。但反过来说，只要你运气好，抓住了这些机会，哪怕平时根本不用心投资，你也能轻松致富。只要你抓住了对策略的成功而言至关重要的几点，再简单的投资策略也会有成效。我的投资策略并不依靠选择正确的行业或者把握下一次经济衰退的机会，而是依靠高储蓄率、耐心和认为接下来几十年里全球经济将不断创造价值的乐观态度。我把几乎全部投资精力都投入了这三方面——尤其是前两个,因为它们是我能掌控的。

过去这些年里,我改变过投资策略,所以我当然有可能在未来再次改变。

不过,无论我家如何储蓄或投资,我确信对独立自主的追求将永远是我们的目标。我们会一直做出能让我们睡踏实的选择。

我们认为,对金钱心理学的把握才是生活的终极目标。

但我们每个人的情况都不同,而且没有人真的对钱失去理智。

附　录

美国消费者心态形成简史

想理解现代美国消费者的心态，把握他们接下来可能的发展方向，你需要知道他们是如何一步步走到今天的。

以及我们所有人是如何走到今天的。

如果你在 1945 年进入长眠，2020 年才醒来，这时你可能已经认不出你周围的世界了。这段时间内的经济增量几乎是史无前例的。如果你看到纽约和旧金山的财富水平，你会感到震惊。而当你把它们和底特律的贫困相比时，你会再次感到震惊。当你看到美国房价、大学学费和医疗保险的价格时，你的感受还会是震惊。而当你知道普通美国人的储蓄和消费观念时，你的感受依然是震惊。如果你想找个合理的说法来解释这一切发生的原因，我想你一定会大错特错，因为这一切背后的原因并不符合人们的直觉，并且是难以预见的。

第二次世界大战结束后在美国社会中发生的是一个关于美国

消费者的故事。这个故事有助于解释今天美国人的消费观。

这个故事可被简要概括为：局面起初极其不明确，接着变得很好，然后变得很糟，之后又变得非常好，然后又变得相当糟，最后就走到了我们今天这一步。我认为所有这些发展背后存在着一种通用的解释。不是具体的原因，而是能将这一切联系起来的逻辑。

由于我只尝试着将重大事件联系在一起，这一时期发生的许多细节会被我忽略。如果有人指出我遗漏了什么，我很可能同意他们的观点。我在这里的目标并不是详述每一件事，而是论证一件事是如何影响下一件的。

以下便是现代美国消费者走过的路。

---

1. 1945 年 8 月，第二次世界大战结束。

日本投降那天可谓"美国历史上最欢乐的一天"，《纽约时报》这样描述。

但正如一句话所说，"历史不过是糟心事接踵而至的过程"。

战争结束的喜悦还没持续多久，很快出现了这样一个问题："接下来怎么办？"

1,600万美国人——美国总人口的11%——参加了这场战争，其中被派往海外的大约有800万人。他们的平均年龄是23岁。在18个月内，除了其中的150万人，其他所有人都将回到家并脱下军装。

然后呢？

这些人接下来要去做什么？

他们去哪里工作？

他们将在哪里安家？

这些是当时最重要的问题。原因有二：一是没有人知道这些问题的答案；二是在许多经济学家看来，如果这些问题得不到迅速解决，最可能出现的情况是，美国经济将再次滑入大萧条时期的深渊。

战争期间，出现了三个重大变化。

第一个是，住房建设停止了，因为几乎所有产能都被转移到了战争物资的生产上。1943年，每个月新建的房屋还不到1.2万套，相当于每个美国城市只有不到1套新房。回国的军人们将面临严重的住房短缺问题。

第二个是，战时创造的特殊工作岗位——制造轮船、坦克和飞机的——在战后突然不再被需要，而其消失的速度和影响是很多私营企业从未经历过的。退伍军人们可以去哪里工作，还是未知数。

第三个是，结婚率在战争期间和刚结束时迅速上升。退伍军人们不想回到父母家的地下室去住，而想立刻建立自己的家庭，拥有自己的房子和一份不错的工作。

这些情况让政策制定者们感到担忧，尤其是考虑到大萧条刚刚结束5年，还让人们记忆犹新。

1946年，美国经济顾问委员会（Council of Economic Advisors）向杜鲁门总统提交了一份报告，警告称"在未来1～4年内可能出现全面的经济萧条"。

在一份1947年的单独备忘录中，委员会总结了与杜鲁门的会议：

> 我们可能处在某个衰退时期。我们必须明确我们所处的位置，明确衰退性的力量是否有引发失控的危险……不容忽视的重要一点是，经济的进一步下滑可能会引发恶性循环，进而导致经济萧条的发生。

这种担忧因为无法立刻依赖出口拉动经济增长而愈演愈烈，因为当时美国以外最大的两个经济体——欧洲和日本——都还在战后的废墟中忙于应对人道主义危机，而美国自身也深陷比以往任何时候都多的债务当中，因此美国政府对经济进行直接激励的能力受到了限制。

对此，我们采取了一些措施。

2. 美国消费者是在低利率情况下被刻意制造的。

在第二次世界大战后，为了维持经济运转，美国所做的第一件事就是保持低利率。这并不是一个容易做出的决定，因为当军人们回到家时，从衣服到汽车的所有消费品都处于短缺状态，而这让通货膨胀率在短时间内便上升到了两位数。

在1951年前，美联储在政治上并不独立。[72] 总统和美联储可以通过协商共同制定政策。1942年，美联储宣布将短期利率维持在0.38%，以此来为战争筹款。在接下来的7年里，利率没有变动一个基点。3个月期国债的收益率一直低于2%。这种情况一直持续到了20世纪50年代中期。

维持低利率的原因很明确，那就是为了将美国花在战争上的相当于6万亿美元的融资的成本保持在较低水平。

但低利率对所有退伍回家的美国军人也产生了附加影响——它让房贷、车贷和各种小工具与小玩意儿的价格都变得非常便宜。

一个对风吹草动格外敏感的政策制定者无疑乐见这种情况出现。在第二次世界大战后的几年里，促进消费成了一种明确的经济策略。

一个通过鼓励勒紧裤腰带和存钱来资助战争的时代很快变成了一个大力提倡消费的时代。普林斯顿大学的历史学家谢尔顿·加伦（Sheldon Garon）写道：

> 1945 年以后，美国再次与提倡储蓄的欧洲和东亚分道扬镳……政客、商人和工会领袖们都在鼓励美国人消费，以促进经济增长。[73]

两件事推动了这种经济策略的实施。

第一件是《退伍军人权利法案》的颁布。它提供了前所未有的抵押贷款机会。1,600 万退伍军人可以在不付首付的情况下购买住房，而且第一年不用付利息，固定利率还很低，每个月需要还的贷款可能比租金还低。

第二件是消费信贷的爆炸式增长，而对大萧条时期严格监管的放松使之成为可能。第一张信用卡诞生于 1950 年。商店信用贷款、分期付款贷款、个人贷款、发薪日贷款纷纷开始涌现。所有债务的利息，包括信用卡的，在当时都是免税的。

这是一顿美味的大餐，所以大家都在狼吞虎咽。附表 1 反映了一个简单的事实：

附表 1　美国家庭负债总额的变化（单位：美元）

年度	美国家庭负债总额
1945	294 亿
1955	1,257 亿
1965	3,312 亿

20 世纪 50 年代家庭负债的增长速度是 21 世纪前 10 年债务泛滥时期的 1.5 倍。

3. 信贷繁荣和 20 世纪 30 年代生产力的隐性增长带来的经济繁荣使美国消费者此前被压抑的需求得到了满足。

20 世纪 30 年代是美国历史上经济最困难的 10 年，但在 20 年后，人们却发现了这 10 年不幸中的万幸：在大萧条期间，人们应对问题的经验丰富了，社会生产力和创新能力都得到了极大提升。

我们在 20 世纪 30 年代之所以没有注意到生产力的提升，是因为每个人的关注点都在经济有多糟糕上。到了 40 年代，我们依然没有注意到这一点，是因为所有人都在关注战争。

然后，20 世纪 50 年代到来了。这时我们才突然意识到：

"哇,我们造出了一些惊人的新发明,我们生产这些东西的能力已经很强了。"

电器,汽车,电话,空调,电力。

在战争期间,许多家庭用品几乎都是买不到的,因为工厂都被改造去制造枪支和船只了。这种情况导致美国大兵们的物质需求在此期间被压抑了。他们在战后结了婚,开始渴望过上正常生活。于是,在新出现的廉价消费信贷的鼓励下,他们开始了一场这个国家前所未见的购买狂潮。

弗雷德里克·刘易斯·艾伦在《大变革时代》中写道:

> 在战后的这些年里,农民买了一台新拖拉机、一台玉米采摘机和一台电动挤奶机。事实上,他和邻居们合力凑起了一套强大的农业机械装备,供他们共同使用。农民的妻子得到了她一直渴望但在大萧条期间买不起的亮闪闪的白色电冰箱,还有一台最新款的洗衣机和一台冰柜。郊区的家庭安装了洗碗机,并和其他家庭合力购买了一台电动割草机。城市里的家庭则成了自助洗衣店的主顾,还买了一台电视机,放在客厅里。丈夫的办公室里装上了空调。这样的情况数不胜数。

消费规模的这次增长是极其惊人的。

从 1942 年到 1945 年，商用汽车和卡车的制造几乎停滞。从 1945 年到 1949 年，市场上售出了 2,100 万辆汽车，从 1949 年到 1955 年又售出了 3,700 万辆。

从 1940 年到 1945 年，美国境内只建造了将近 200 万套住房。从 1945 年到 1950 年，又有 700 万套住房落成。到 1955 年为止，又涌现了 800 万套住房。

被压抑的物质需求以及新发展的生产力创造了就业机会，让退伍军人重新回到工作岗位上。而且，这些都是好工作。再加上消费信贷的助力，美国人的消费能力出现了爆炸式的增长。

1951 年，美联储在给杜鲁门的信中写道："截至 1950 年，加上居民住宅建设的总消费支出约为 2,030 亿美元，比 1944 年的水平高出了大约 40%。"[74]

"战争结束后这些大兵能做什么"的问题已经有了明确的答案：他们可以用生产新产品的工作赚来的钱去消费，而低利率的贷款又能让他们购买更多东西。

4. 社会分配比以往任何时候都公平。

20 世纪 50 年代的美国经济的最大特征是，国家通过缓解贫困问题而开始变得富裕。

美国人的平均工资在1940年到1948年间翻了一番,到1963年又翻了一番。

这些成果集中在那些收入已经落后几十年的人群中涌现。美国的贫富差距显著缩小。

1955年,弗雷德里克·刘易斯·艾伦写道:

> 富裕阶层在经济发展中曾经起到的巨大的拉动作用,如今已经大幅减弱。
>
> 作为一个群体的产业工人的影响力是最大的。例如,一名钢铁工人的家庭过去曾靠2,500美元生活,现在能赚到4,500美元;一名技术娴熟的机床操作工的家庭过去年收入不过3,000美元,现在能赚到5,500美元,甚至更多。
>
> 至于最顶端那1%的人,那些真正生活优渥的人和富人们——可以被粗略地归为年收入在1.6万美元以上的群体——的税后收入在全国总收入中所占比例自1945年后已经从13%下降到了7%。

这并非一个短期趋势。从1950年到1980年,占比20%的底层收入者与占比5%的最高收入者各自的实际收入增长几乎持平。

趋于平等的不仅仅是工资。

在家庭之外参与工作的女性人数创下了历史新高。她们的劳动参与率从第二次世界大战后的 31% 上升到了 1955 年的 37%，到 1965 年又上升到了 40%。

少数族裔也拥有了属于自己的权利。在 1945 年杜鲁门的总统就职典礼后，埃莉诺·罗斯福[①]（Eleanor Roosevelt）写道，一位非裔美国记者告诉她：

> 你知道这 12 年来发生了什么吗？如果 1933 年典礼[②]的接待会上人们对有色人种的接受程度就像今天这样，让有色人种和其他人种混在一起，这个国家的每一家报纸都会来报道这件事，但现在我们甚至都不认为这是新闻了，谁都不会谈及它。

尽管当时的女性和少数族裔拥有的权利与今天相比还很少，但在 40 年代末和 50 年代，社会平等方面的进步是不同凡响的。

阶级差距趋于平缓意味着生活方式的差距也在缩小。普通人开着雪佛兰，有钱人则开着凯迪拉克。电视和广播抹平了阶级的

[①] 政治家、外交家和作家，美国第 32 任总统富兰克林·罗斯福的妻子。
[②] 指富兰克林·罗斯福的就职典礼。

差距，让人们享受着同样的娱乐和文化产品。邮购商品目录能让人们买到想买的衣服和商品，无论他们住在哪里。《哈泼斯杂志》（*Harper's Magazine*）在 1957 年指出：

> 富人和穷人抽着同样的烟，使用着同样的剃须刀、电话、吸尘器、收音机和电视机，家里装着同样的照明和取暖设备……这样的例子数不胜数。富人和穷人开的汽车的差别很小。在核心层面，这两种人开的车都用着相似的引擎和配件。但在 20 世纪初，汽车还存在等级之差。

保罗·格雷厄姆[①]（Paul Graham）在 2016 年表示，哪怕是像当时只有三家电视台这样简陋的条件都对文化方面的平等造成了很大影响。他写道：

> 现在很难想象，但在当时，每天晚上都有几千万户家庭坐在电视机前，在同一个时间收看同一个节目，和隔壁的住户一样。现在只会在"超级碗"[②]当晚发生的事，过去每天晚上都在发生。那时候，人们的生活节奏是整齐划一的。[75]

---

① 美国程序员、风险投资家、博客作者和技术作家。
② 美国职业橄榄球大联盟的年度冠军赛。

这一点非常重要。人们会用同龄人的生活方式来衡量自己活得是否幸福。在 1945 年到 1980 年的大部分时间里,人们有很多同龄人可以被拿来比较。很多人——或者说大多数人——过着与他们周围的人一样的生活,至少不会觉得其他人的生活是遥不可及的。"收入水平越接近,生活水平就越一致"是这个故事中的一个重要观点。我们在后面还会讲到。

5. 债务在飞速上升,但收入增长得也很快,所以产生的影响并不大。

从 1947 年到 1957 年,在新消费文化、新债务产品和有政府项目补贴并受美联储控制的低利率的共同作用下,美国人的家庭债务增加了 5 倍。

但这一时期的收入增长也非常强劲,所以债务对家庭的影响并不严重。另外,第二次世界大战后的家庭债务从一开始就很低。大萧条消灭了大量债务,而家庭支出在战争期间受到了极大的限制,进而限制了债务的积累。因此,在 1947 年至 1957 年这段时间里,家庭债务占收入比重的增长是可控的。

如今美国人的家庭债务占收入比重略微超过 100%,但即使债务在 20 世纪 50 年代、60 年代和 70 年代快速上升,当时的比重也始终在 60% 以下。

住房拥有率的激增在很大程度上推动了债务的飞速增长。

美国的住房拥有率在 20 世纪之初为 47%，在接下来的 40 年里一直原地不动，然后开始飙升，在 1945 年达到 53%，在 1970 年达到 62%。相当多的一部分人选择的债务形式是前几代人不会选择也不可能借到的，而大部分人都对此欣然接受。

大卫·哈伯斯塔姆[①]（David Halberstam）在《五十年代》（*The Fifties*）一书中写道：

> 他们体现对自己和未来的信心的方式让那些在艰苦时期长大的人们震惊不已。他们不像父母辈那样害怕债务……他们与父母辈不同的不仅有收入和消费水平，还有对理想生活已经实现的信念。作为家里第一个拥有房产的人，他们带着一种崭新的兴奋和自豪去商店购买家具或电器——曾几何时，年轻夫妇可能只有在给第一个孩子买衣服时才会表现出这样的激动。对他们来说，拥有了一个家的成就仿佛一种巨大的突破，值得他们买下任何昂贵的物品去与之搭配。

现在，是时候把一些事实串联起来了，因为它们将变得越来

---

① 美国著名记者、作家，普利策奖得主。

越重要：

- 美国正在蓬勃发展。
- 这种全方位的繁荣是前所未有的。
- 债务在当时还不是什么大事，因为债务和收入相比仍然很低，而且人们开始接受"债务并不可怕"这种文化观念。

6. 完美的局面开始崩解。

1973 年是昭示着经济形势发生转折的第一年。

那一年开始的经济衰退导致失业率达到了自 20 世纪 30 年代以来的最高水平。

通货膨胀率飙升，但与第二次世界大战后的起起伏伏不同的是，这次它一直保持在高位。

1973 年，短期利率从 10 年前的 2.5% 上升至 8%。

你必须把所有这些事放在越南战争、社会骚动，以及马丁·路德·金、约翰·F. 肯尼迪和鲍比·肯尼迪[①]（Bobby Kennedy）遇刺带来的强烈恐惧氛围的大背景下考虑。

一切看上去都没有希望。

---

① 约翰·F. 肯尼迪的弟弟，在 1968 年竞选总统时遇刺身亡。

在第二次世界大战结束后的 20 年里，美国主导了世界经济。许多大国的制造工厂在战争中被炸成了废墟。但随着 20 世纪 70 年代的到来，这种情况发生了转变。日本正在蓬勃发展，中国经济开始对外开放，中东正在向世界展示它丰富的石油资源。

曾经源于运气的经济优势和"最伟大的一代"①共同持有的文化观念——被大萧条巩固，以在第二次世界大战中建立的系统性合作生产关系为基础——的结合体，在"婴儿潮"一代②长大成人后出现了转变。新的一代人对何谓"正常生活方式"有了不同的看法。与此同时，持续了 20 年的经济回暖期结束了。

金融领域中的一切数据都是根据人们的预期估算出的。当经济风向开始转变、变得不平衡之时，20 世纪最大的转变之一发生了，但此刻人们预期的出发点仍然停留在战后各阶层相对平等的大背景下。虽然收入水平确实差距不大，但这种平等却不仅体现在收入方面，更多体现在生活方式和消费预期方面：收入处于第 50 百分位的人的生活不应该和处于第 80 或第 90 百分位的人的差太多；处于第 99 百分位的人的生活水平虽然更高，但仍然是处于第 50 百分位的人可以想象的。这就是美国社会在 1945 年到 1980 年的大部分时间里的运行方式。重要的并不是这件事在道德

---

① 1928 年以前出生的美国人。
② 1946 年至 1964 年出生的美国人。

上是对是错，而是它就是事实。

预期的改变总是比实际情况滞后。从 20 世纪 70 年代初到 21 世纪初的美国发生的事实是，经济持续增长，分配方式却越来越不公平，然而人们对自己和其他人生活方式差距的预期并没有改变。

7. 繁荣再次出现，但和以前不同了。

罗纳德·里根（Ronald Reagan）在 1984 年的竞选广告"美国之晨"（Morning in America）中这样说：

> 美国的又一个早晨来临了。今天，去上班的男男女女的数量将比我国历史上任何时候都多。当前的利率约为 1980 年历史最高水平的一半，因此有近 2,000 个家庭将在今天购买新房。这比过去 4 年中的任何时候都多。今天下午，将有 6,500 名青年男女结婚，而通货膨胀率还不到 4 年前的一半。因此，他们可以满怀信心地展望未来。

这段话并没有夸张。当时美国国内生产总值的增速达到了 20 世纪 50 年代以来的最高水平。到 1989 年，美国的失业人口比起

7年前减少了600万，标普500指数在1982年至1990年间上涨了近4倍，20世纪90年代的实际国内生产总值增长总量大致与50年代的持平——前者为40%，后者为42%。

2000年，总统克林顿在国情咨文演讲中自夸道：

> 新世纪伊始，我们拥有超过2,000万个新就业机会，30多年来最快的经济增长速度，30年来最低的失业率，20年来最低的贫困率，有史以来最低的非裔和拉丁裔失业率，42年来的第一次连续盈余。到下个月，我们的经济增长也会创造有史以来持续时间最长的纪录。我们建立起了一种新型经济。

他的最后一句话很重要：这是一种新型经济。1945年至1973年的经济形势与1982年至2000年的经济形势最大的区别是，等量的增长进入了完全不同的口袋。

你可能听过这些数字，但它们值得再次提及。《大西洋月刊》写道：

> 1993年至2012年，金字塔尖上1%的人群的收入增长了86.1%，而占据99%的底层人群的收入仅增长了6.6%。

2011 年，约瑟夫·斯蒂格利茨[①]（Joseph Stiglitz）表示：

> 在过去的 10 年中，社会顶端 1% 的人群的收入增长了 18%，而位于中间的人群的收入却在下降。对只有高中学历的男性群体，这一数据急剧下降——仅在过去 25 年里就下降了 12%。

这与第二次世界大战刚结束后发生的一切几乎完全相反。

至于为什么会发生这种情况，这是经济学中争议最大的问题之一，仅次于对应该如何解决这个问题的辩论。幸运的是，对于本书探讨的议题而言，二者都不重要。

真正重要的是，极度的不平等在过去的 35 年里已经形成一股力量，但它却出现在一个不合宜的时期。这时，美国人依然坚持着第二次世界大战后的经济模式导致的两种根深蒂固的文化观念：他们应该像其他大多数美国人一样生活；通过举债来维持这种生活方式是可以接受的。

[①] 美国经济学家，于 2001 年获得诺贝尔经济学奖。

8. 巨大的撕裂出现了。

一小部分美国人收入的增加，导致他们在生活方式上开始脱离更大的群体。

他们买了更大的房子、更好的车，送孩子去更贵的学校上学，去奢侈的地方度假。

而其他所有人都艳羡地注视着他们——20世纪80—90年代的广告宣传以及后来的互联网传播促成了这种局面。

一小部分通过合法手段暴富的美国人的生活方式让大多数美国人的物欲都膨胀起来，但后者的收入并没有增长。

源于20世纪50—70年代的崇尚平等和团结的文化，在此过程中天真地演变为赶时髦、讲排场、向左邻右舍看齐的文化。

现在，你可以看出问题的症结所在了。

乔是一名投资银行家，年收入有90万美元。他买了一套4,000平方英尺①的房子、2辆奔驰车，把3个孩子送进了佩珀代因大学②（Pepperdine University），因为他负担得起。

彼得是一家银行的分行经理，年薪8万美元。看着乔的生活，彼得潜意识里认为自己也有权利过上类似的生活，因为彼得的父

---

① 约合372平方米。1平方英尺≈0.09平方米。
② 位于美国加州马里布市的一所私立大学，被视为名校中的贵族学校。

母相信并向他灌输了这样的观念——即使从事不同的工作，美国人的生活方式也不会有太大的区别。这种观念在他父母生活的那个年代是符合现实的，因为当时的收入分配相对平等，但那已经是过去的事了。现在，彼得生活在一个截然不同的世界里，但与父母相比，他的预期并没有发生太大变化。

彼得是怎么做的呢？

他申请了巨额的抵押贷款，背上了 4.5 万美元的信用卡债务。他租了两辆车。他的孩子将背负着沉重的学生贷款毕业。他买不起乔买得起的东西，但他被迫追求着同样的生活方式。这是一种巨大的撕裂。

这种行为放在 20 世纪 30 年代看可谓荒谬，但在第二次世界大战结束后，美国人花了 75 年的时间，培养出了普通家庭对债务文化的高接受度。

在一段工资中位数基本持平的时间里，美国家庭新购买的房屋面积的中位数却增长了 50%（见附图 1）。

如今，美国每套新住宅的卫生间的数量都多于居住人数。近一半的新住宅拥有 4 间或 4 间以上卧室，而 1983 年这种规模的住宅的比例仅为 18%。

从 1975 年到 2003 年，经通货膨胀调整后的平均汽车贷款增长了一倍多，从 12,300 美元涨到 27,900 美元。

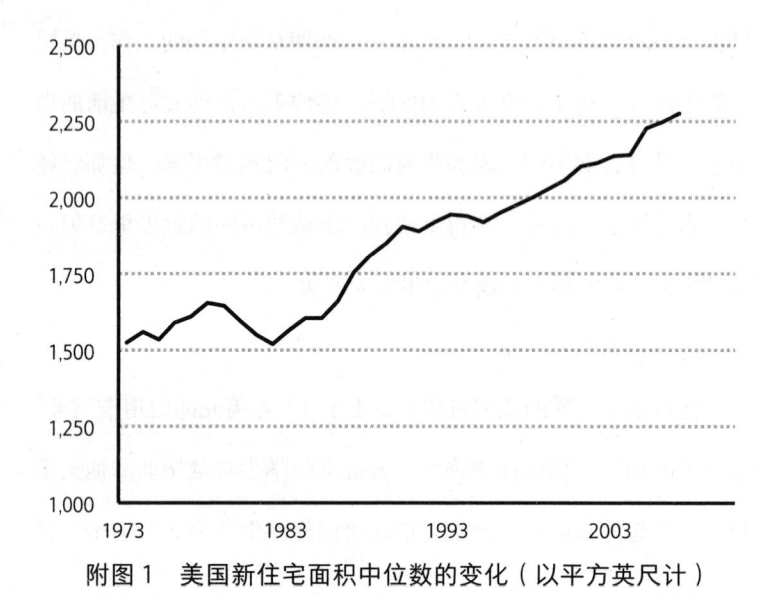

附图 1　美国新住宅面积中位数的变化（以平方英尺计）

大学学费和学生贷款的增长情况已经不用我介绍了。

从 1963 年到 1973 年，家庭债务占收入的比重基本持平。随后，这一比重不断攀升，从 1973 年的 60% 左右上升到了 2007 年的 130% 以上。

即使从 20 世纪 80 年代初到 2020 年，利率大幅下降，美国人收入中用于偿还债务的比重也在上升，而这种现象明显向低收入群体倾斜。对收入最高——也是收入增幅最大——的人群来说，债务和租赁支出占收入的比重略高于 8%，但对收入低于第 50 百分位的人群，这一比重则超过了 21%。

这种债务攀升与20世纪50年代和60年代的债务增长的不同之处在于,它是从较高的基数开始的。

经济学家海曼·明斯基(Hyman Minsky)这样描述债务危机的起始:人们承担的债务超出其偿还能力的时刻。在这个丑陋而痛苦的时刻,人们就好像动画片里的大野狼,因为沉迷于追逐猎物而一脚踩空,向下看后才意识到不妙,然后就掉了下去。

2008年发生的事的本质就是这样。

9. 一种范式一旦被确立,就很难被改变。

2008年后,大量债务被减免,随后利率暴跌。现在美国的家庭债务占收入的比重处于35年以来的最低水平。

2008年金融危机的应对措施虽然可能是必要之举,却延续了一些趋势,从而导致了我们当前的处境。

量化宽松政策既防止了经济崩溃,又使得金融资产价格上涨,对那些拥有金融资产的人来说是一件好事——其中大多数是富人。

2008年,美联储为企业债务提供了支持,从而帮助了其背后的债主——其中大多数是富人。

过去20年间的减税措施主要惠及那些收入较高的人群。这些人会把子女送进最好的大学，而他们的子女可以继续获得更高的收入，投资由美联储支持的企业债券，拥有获得各种政策支持的股票……诸如此类。

这些事实本身都不是问题，因此它们才能存在。

但它们是自 20 世纪 80 年代初以来的更为宏观的事实的写照：某些人比其他人更容易从经济的运作过程中获益。成功不再像过去那样属于有能力的人，而它在降临时带来的回报也比以往更高了。

你不必从道德角度评判这种现象的对错。

而且，在这个故事中，这种现象发生的原因也不重要。

重要的是，它的确发生了，并导致经济偏离了人们在第二次世界大战后形成的预期：存在一个规模庞大的中产阶级；不存在系统性的分配不均；你对门的邻居和住在几千米外的人们都过着与你水平相近的生活。

这种预期在偏离现实 35 年后仍然存在的部分原因是，很多人觉得，它如果是真的就太美好了。那么美好，或至少让人感觉那么美好的幻想，是很难被放弃的。

所以，人们还没有放弃希望。他们希望能再次过上这样的生活。

10. 新茶党运动[①]、"占领华尔街"[②]、英国脱欧和唐纳德·特朗普……每种历史现象背后都有一个群体在呐喊:"停车,我要下去!"

虽然每个群体呐喊的具体细节不同,但他们呐喊的原因——至少部分原因——是在第二次世界大战后形成的对社会本该大体平等的预期落空了。他们没能获得别人获得的利益。

只把特朗普的发家归因于收入不平等现象也许是片面的。你可以对其不屑一顾,也应该如此。这些现象通常有很多复杂的深层原因。但收入不平等的确是一个重要因素,会让人陷入这样的思维:"我生活的这个世界跟我想的不一样,这让我很生气。我忍不了了,去他的吧!我要出手改变它,因为目前的规则不管是什么,都已经不管用了。"

想想这种心态一旦受到社交媒体和有线新闻网强大的传播力量催化后会变成什么样。在这些平台上,人们比以往任何时候都更容易看到别人是怎样生活的——这就像火上浇油一样。著名分析师本尼迪克特·埃文斯(Benedict Evans)说:"互联网让人们越频繁地接触新观点,人们对这些新观点的存在就越感到愤怒。"和第二次世界大战后的经济形势相比,这是一个巨大的转变。当

[①] 2009年美国保守派反对奥巴马政府经济政策的社会运动。
[②] 2011年美国中下层民众抗议社会不公的一系列大型示威活动。

时经济观点的传播范围要小得多，既因为观点产生的实际影响的范围更小，也因为人们不会像现在这样轻轻松松地看到和了解别人的想法和生活方式。

我并不是一个悲观主义者。经济学是关于周期的。好年景和坏年头来来去去，轮流坐庄。

美国如今的失业率是几十年以来最低的。事实上，低收入的工人阶层的工资增长速度要高于富人的。[76] 如果把助学金考虑在内，大学学费基本没有上涨。[77] 如果人人都能研究一下自光辉的20世纪50年代以来美国社会在医疗、通信、交通和民权方面的进步，我猜大多数人都不会想回到过去。

但这个故事的中心是，预期的调整总是晚于实际情况的变化。在20世纪50年代往后的35年中，美国的经济形势变了，可美国人仍然坚守着当初的预期，由此可见一斑。而且，由于预期的滞后性，即使从现在起中产阶级迎来了一次繁荣，人们可能也会延续如今"只有社会顶层才能从中获利"的预期。

因此，人们可能会一直沉浸在对社会不满的消极情绪中。

于是，人们可能无论何时都会有"我们需要立刻改变，变成什么样都比现在好"的想法。

在某种程度上说，这些想法就是第二次世界大战爆发这类重大历史事件的源头，而这又回到了我们故事的开端。

所以，历史确实是糟心事接踵而至的过程。

尾 注

1 J. Pressler, "Former Merrill Lynch Executive Forced to Declare Bankruptcy Just to Keep a $14 Million Roof Over His Head," *New York* magazine (April 9, 2010).
2 Ibid.
3 L. Thomas Jr., "The Tale of the $8 Million 'Bargain' House in Greenwich," *The New York Times* (January 25, 2014).
4 U. Malmendier, S. Nagel, "Depression Babies: Do Macroeconomic Experiences Affect Risk-Taking?" (August 2007).
5 "How large are 401(k)s?" Investment Company Institute (December 2019).
6 R. Butler, "Retirement Pay Often Is Scanty," *The New York Times* (August 14, 1955).
7 "Higher education in the United States," Wikipedia.
8 K. Bancalari, "Private college tuition is rising faster than inflation .... again," *USA Today* (June 9, 2017).
9 "How Many People Die Rock Climbing?" The Rockulus.
10 A. T. Vanderbilt II, *Fortune's Children: The Fall of the House of Vanderbilt* (William Morrow Paperbacks, 2012).
11 D. McDonald, "Rajat Gupta: Touched by scandal," *Fortune* (October 1, 2010).

12 "Did millionaire Rajat Gupta suffer from billionaire envy?" *The Economic Times* (March 27, 2011).

13 J. Nicas, "Facebook Connected Her to a Tattooed Soldier in Iraq. Or So She Thought," *The New York Times* (July 28, 2019).

14 T. Maloney, "The Best-Paid Hedge Fund Managers Made $7.7 Billion in 2018," Bloomberg (February 15, 2019).

15 S. Weart, "The Discovery of Global Warming," history.aip.org/climate/cycles.htm (January 2020).

16 S. Langlois, "From $6,000 to $73 billion: Warren Buffett's wealth through the ages," MarketWatch (January 6, 2017).

17 D. Boudreaux, "Turnover in the Forbes 400, 2008–2013," Cafe Hayek (May 16, 2014).

18 M. Pabrai, www.youtube.com/watch?time_continue=200&v=YmmIbrKDYbw.

19 "Art Dealers: The Other Vincent van Gogh," Horizon Research Group (June 2010).

20 www.collaborativefund.com/uploads/venture-returns.png.

21 "The Agony and the Ecstasy: The Risks and Rewards of a Concentrated Stock Position," Eye on the Market, J. P. Morgan (2014).

22 L. Eadicicco, "Here's Why You Probably Won't Get Hired At Google," Business Insider (October 23, 2014).

23 "What is the offer acceptance rate for Facebook software engineering positions?" Quora.com.

24 W. Fulton, "If You Want to Build a Great Team, Hire Apple Employees," *Forbes* (June 22, 2012).

25 J. Berger, "How to Change Anyone's Mind," *The Wall Street Journal* (February 21, 2020).

26 D. Sivers, "How I got rich on the other hand," sivers.org (October 30, 2019).

27 N. Chokshi, "Americans Are Among the Most Stressed People in the

World, Poll Finds," *The New York Times* (April 25, 2019).
28　Russell Sage Foundation—Chartbook of Social Inequality.
29　D. Thompson, "Why White-Collar Workers Spend All Day at the Office," *The Atlantic* (December 4, 2019).
30　"Rihanna's ex-accountant fires back," News24 (March 24, 2014).
31　B. Mann, "Want to Get Rich and Stay Rich?" The Motley Fool (March 7, 2017).
32　"U.S. energy intensity projected to continue its steady decline through 2040," U.S. Energy Information Administration (March 1, 2013).
33　Julius Wagner-Jauregg—Biographical, nobelprize.org.
34　J. M. Cavaillon, "Good and bad fever," *Critical Care* 16:2 (2012).
35　"Fever—Myths Versus Facts," Seattle Children's.
36　J. J. Ray, and C. I. Schulman, "Fever: suppress or let it ride?" *Journal of Thoracic Disease* 7:12 (2015).
37　A. LaFrance, "A Cultural History of the Fever," *The Atlantic* (September 16, 2015).
38　J. Zweig, "What Harry Markowitz Meant," jasonzweig.com (October 2, 2017).
39　L. Pleven, "In Bogle Family, It's Either Passive or Aggressive," *The Wall Street Journal* (November 28, 2013).
40　C. Shapiro and M. Housel, "Disrupting Investors' Own Game," The Collaborative Fund.
41　www.bylo.org
42　Washington State University, "For pundits, it's better to be confident than correct," ScienceDaily (May 28, 2013).
43　"Daniel Kahneman's Favorite Approach For Making Better Decisions," Farnham Street (January 2014).
44　W. Buffett, Letter to the Shareholders of Berkshire Hathaway Inc. (2008).
45　W. Buffett, Letter to the Shareholders of Berkshire Hathaway Inc. (2006).
46　B. Plumer, "Only 27 percent of college grads have a job related to their

major," *The Washington Post* (May 20, 2013).

47　G. Livingston, "Stay-at-home moms and dads account for about one-in-five U.S. parents," Pew Research Center (September 24, 2018).

48　D. Gilbert, "The psychology of your future self," TED2014.

49　J. Zweig, "What I Learned From Daniel Kahneman," jasonzweig.com (March 30, 2014).

50　J. Ptak "Tactical Funds Miss Their Chance," Morningstar (February 2, 2012).

51　R. Kinnel, "Mind the Gap 2019," Morningstar (August 15, 2019).

52　M. Desmond. "Accounting Tricks Catch Up With GE," *Forbes* (August 4, 2009).

53　A. Berenson, "Freddie Mac Says It Understated Profits by Up to $6.9 Billion," *The New York Times* (June 25, 2003).

54　"U.S. Home Flipping Rate Reaches a Nine-Year High in Q1 2019," Attom Data Solutions (June 4, 2019).

55　A. Osborn, "As if Things Weren't Bad Enough, Russian Professor Predicts End of U.S.," *The Wall Street Journal* (December 29, 2008).

56　"Food in the Occupation of Japan," Wikipedia.

57　J. M. Jones, "U.S. Stock Ownership Down Among All but Older, Higher-Income," Gallup (May 27, 2017).

58　E. Rauchway, *The Great Depression and the New Deal: A Very Short Introduction* (Oxford University Press, 2008).

59　L. R. Brown, *Plan B 3.0: Mobilizing to Save Civilization* (W. W. Norton & Company, 2008).

60　FRED, Federal Reserve Bank of St. Louis.

61　"U.S. Crude Oil Production—Historical Chart," Macro Trends.

62　"Thomas Selfridge," Wikipedia.

63　www.nhlbi.nih.gov

64　D. Walsh, "The Tragedy of Saudi Arabia's War," *The New York Times* (October 26, 2018).

65 B. Pisani, "Active fund managers trail the S&P 500 for the ninth year in a row in triumph for indexing," CNBC (March 15, 2019).
66 *2019 Investment Company Factbook*, Investment Company Institute.
67 "Minutes of the Federal Open Market Committee," Federal Reserve (October 30–31, 2007).
68 www.nasa.gov.
69 A. Ram, "Portfolio managers shun investing in own funds," *Financial Times* (September 18, 2016).
70 K. Murray "How Doctors Die," Zócalo Public Square (November 30, 2011).
71 B. Pisani, "Active fund managers trail the S&P 500 for the ninth year in a row in mtriumph for indexing," CNBC (March 15, 2019).
72 "Treasury-Fed Accord," federalreservehistory.org.
73 S. Garon, "Beyond Our Means: Why America Spends While the World Saves," Federal Reserve Bank of St. Louis (July 1, 2012).
74 "Economic Report of the President," FRASER, St. Louis Federal Reserve (1951).
75 P. Graham, "The Refragmentation," paulgraham.com (2016).
76 P. Davidson, "Jobs in high-wage industries are growing fastest," *USA Today* (December 14, 2019).
77 R. Channick, "Average college costs flat nationwide, at just under $15K, as universities increase grants," *Chicago Tribune* (October 16, 2018).

致　谢

和其他所有作品一样，本书能够成书，我要感谢过程中无数人伸出的援手。因为人数众多，我无法在此处列出全部，但我要特别感谢下列人士提供的帮助。

布莱恩·理查兹，谢谢你第一个认可我的能力。

克雷格·夏皮罗，谢谢你在你不需要认可我的时候认可了我。

格雷琴·豪泽尔，谢谢你一如既往的支持。

詹娜·阿布多，谢谢你不求回报的帮助。

克雷格·皮尔斯，谢谢你鼓励、引导和支持我。

也要感谢杰米·凯瑟伍德、乔什·布朗、布伦特·毕肖尔、巴里·里霍尔茨、本·卡尔森、克里斯·希尔、迈克尔·巴特尼克和詹姆斯·奥索恩的宝贵意见。

谢谢你们。

© 民主与建设出版社，2023

图书在版编目（CIP）数据

金钱心理学：财富、人性和幸福的永恒真相 /（美）摩根·豪泽尔著；李青宗译 . -- 北京：民主与建设出版社，2023.6

书名原文：The Psychology of Money: Timeless Lessons on Wealth, Greed, and Happiness

ISBN 978-7-5139-4124-2

Ⅰ . ①金… Ⅱ . ①摩… ②李… Ⅲ . ①货币—社会心理学 Ⅳ . ① C912.69

中国国家版本馆 CIP 数据核字 (2023) 第 069727 号

Copyright©Morgan Housel
Originally published in the UK by Harriman House Ltd in 2020,www.harriman-house.com.
This edition arranged with Harriman House Ltd.
through Big Apple Agency, Labuan, Malaysia.
本书中文简体版权归属银杏树下（北京）图书有限责任公司。

金钱心理学：财富、人性和幸福的永恒真相
JINQIAN XINLIXUE: CAIFU RENXING HE XINGFU DE YONGHENG ZHENXIANG

著　　者	［美］摩根·豪泽尔		
译　　者	李青宗	筹划出版	后浪出版公司
出版统筹	吴兴元	责任编辑	王　颂
特约编辑	刘昱含	封面设计	墨白空间·陈威伸
出版发行	民主与建设出版社有限责任公司		
电　　话	（010）59417747　59419778		
社　　址	北京市海淀区西三环中路 10 号望海楼 E 座 7 层		
邮　　编	100142		
印　　刷	嘉业印刷（天津）有限公司		
版　　次	2023 年 6 月第 1 版		
印　　次	2023 年 6 月第 1 次印刷		
开　　本	889 毫米 ×1194 毫米　1/32		
印　　张	10.25		
字　　数	198 千字		
书　　号	ISBN 978-7-5139-4124-2		
定　　价	56.00 元		

注：如有印、装质量问题，请与出版社联系。